知っていますか？

自殺・自死防止と支援

一問一答

特定非営利活動法人　国際ビフレンダーズ
大阪自殺防止センター
編著

解放出版社

はじめに

自殺する人がいると、まるでその人が命を粗末にしているような表現をされることがありますが、そうではなくどうしようもない思いに追い込まれた末の結果です。逆に「生きる」ということを真剣にまじめに考え、そうせざるをえない状態になったのです。

「自殺」という言葉を出しづらい風土のなかで、日常的に「死にたい気持ちをもっている」「自殺未遂をしたことがある」「家族が自殺した」という話はなかなか言いにくいことです。ですが、まぎれもなくそのつらさを抱えながら暮らしている人が、みなさんの周りにもいらっしゃるにちがいありません。

年間三万人もの人が自分で自分の命を絶つ状況に追い込まれ、また家族を自殺で亡くし残された人がそのつらさを誰にも話せずにいる。それは一人で抱えるにはあまりにも大きな重い問題です。家族でなくても身近な人、たとえば同僚や友人を自殺で亡くしても、自分に何かできなかったのか、死なせてしまったのは自分だと自責の念が強く残ります。そのことにより苦しみます。

具体的な問題を抱えている人にとってはその問題解決ができるように支援することも大切なことですが、そのつらい苦しい気持ちを、批判や非難されずに誰かに受け止められることで和らぐことがあります。自分のことを心配してくれる人が周りにいる、それだけで生きていけることもあります。

死を考える人の気持ちや自死遺族のおかれている状況を本書でみなさんに知っていただき、温かいまなざしをもっていただけることを願っています。

なお、本文のなかで一部事例が掲載されていますが、実際の相談内容とは少し変えています。相談業務にとって相談者の秘密を守ることが一番大事なことですのでご了承ください。

二〇一四年五月

特定非営利活動法人 国際ビフレンダーズ 大阪自殺防止センター

知っていますか？ 自殺・自死防止と支援 一問一答…目次

カバー掲載の図

この図は自殺防止の基本の態度をあらわしたものです。死にたいほどにつらい気持ちをもった人に共感し、理解し、受け容れることが、専門家ではない人が、上でも下でもない友だちのような関係（ビフレンディング be friending）でつらい間、そばにいるという役割をあらわしています。これは自殺防止電話を創設した「サマリタンズ」の理念が基本となっています。

問1 自殺で亡くなられる方は、日本ではどのくらいおられますか？

日本の自殺者数は、一九七八（昭和五三）年頃から、二万人〜二万五〇〇〇人の間を推移していましたが、一九九八（平成一〇）年に三万二八六三人に急増し、その後二〇〇三年には三万四四二七人のピークを迎え、一四年間連続で三万人を超えていました。しかし二〇一二年は二万七八五八人となり、一五年ぶりに三万人を下回りました。「NPO法人 自殺対策支援センター ライフリンク」の清水康之代表は、「タブー視されていた自殺が社会問題として認識されるようになり、実態解明や対策のモデル作りなど、全国的な自殺対策の底上げが図られてきた影響が大きい」（「読売新聞」二〇一三年二月五日「論点」）と述べています。二〇一三年も二万七二八三人と前年より二・一％減少しています。

とはいえ、約三万人というのは、大阪マラソンや東京マラソンの出場者数と同じです。出発するのに二〇分近くかかる、あの大勢の人たちと同じ数の命が自殺によって失われているのです。

また、「自殺未遂者は自殺者の約一〇倍いる」ともいわれ、年間約三〇万人が未遂だったことになります。一人の人が自殺をすると、家族や友人など周囲の関係者の少なくとも六、七人は、大きな影響を受け、かけあわせると年間二〇〇万人ほどが、自殺により心にダメージを受けていることになります。

急増した一九九八年は、経済不況が始まり、失業率が増加しました。これは自殺の大きな引き金になると考えられます。またこの年は、和歌山毒入りカレー事件の発生、北朝鮮のミサイル発射など、不安や恐怖が世の中に広がりました。そのような社会の暗い風潮が自殺に及ぼす影響がないとはいえないでしょう。

しかしその後は、好調とはいえないまでも経済には波があり、一四年連続で底をついていたのではありません。そうすると、もう少し自殺者数のグラフに山や谷があってもおかしくありません。また、自殺の原因に個人の要素が強いなら、やはり自殺者数に変化があると考えられます。

一四年連続して三万人を超える人が自殺をするという現象は、今の日本社会の仕組みのなかに、自殺を引き起こす原因が潜んでいるのではないでしょうか。

二〇〇六年に自殺対策基本法（問15、資料①参照）が制定され、自殺防止の対策が国や地方公共団体等の責務であることが明確になりました。民間団体の活動が広がっていると同時に行政の取り組みも始まっています。

自殺者 4年連続減少

2万7283人　震災関連は増加

警察庁と内閣府は13日、2013年の自殺者数を前年比2・1%（575人）減の2万7283人（確定値）と発表した。4年連続の減少で、2年続けて3万人を下回ったものの、目標とする「2万4000人台」は達成できておらず、高止まりが続く。動機別では、多重債務などの「経済・生活問題」の減少が583人と最も大きく、内閣府は「景気回復が要因ではないか」と分析する。一方、東日本大震災関連とみられる自殺は38人と前年より14人増えた。【川辺康広】

国は09年度、自殺対策を支援する基金を都道府県に創設。12年度までに118億4000万円が市町村や民間団体などの活動に充てられた。内閣府の担当者は「一定の効果が出ている」としている。

全体の68・9%が男性。職業は「無職者」（学生や児童生徒は除く）が6割を占めた。年代別では60代が17・3%で最多で、次いで40代16・8%▽50代16・4%▽70代13・9%——など。12年はすべての年代で減少したが、13年は70代以上が増加に転じた。

遺書などから原因や動機を特定できた2万256人について分析（最大で3項目まで計上）したところ、最多は「健康問題」の1万3680人（前年比0・4%増）。次いで「経済・生活問題」4636人（11・2%減）——など。

最多だった健康問題の内訳では、「統合失調症の悩み・影響」の増え方が最も大きく10%（115人）増。経済・生活問題では、「多重債務」の減り幅が最も大きく、17%（151人）減。なかでも40代と60代の減少ぶりが目立った。「就職失敗」は20代に顕著で30%（45人）減だった。

一方、警察が大震災関連の自殺と判断したのは前年比14人増の38人。前年は11年（6月以降のみ）の55人から半減したが増加に転じた。原因は健康問題の22人が最多。自治体別では、福島県が23人で前年より10人増えた。

自殺者数の推移

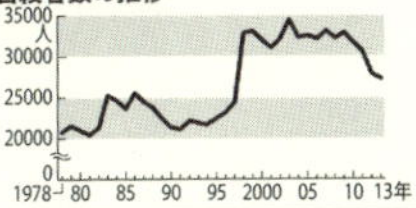

自殺の主な原因・動機

＜家庭問題＞	
・夫婦関係の不和	1002人
・家族の将来悲観	587人
＜健康問題＞	
・うつ病	5832人
・身体の病気	4463人
＜経済・生活問題＞	
・生活苦	1277人
・多重債務	688人
＜勤務問題＞	
・仕事疲れ	649人
・職場の人間関係	539人
＜男女問題＞	
・失恋	293人
・不倫の悩み	165人
＜学校問題＞	
・学業不振	135人
＜その他＞	
・孤独感	532人

※現場の警察官が最大3項目選択

戦略的に対策を

NPO法人「自殺対策支援センター　ライフリンク」の清水康之代表の話　4年連続の減少は自殺対策の成果とみられるが、減少幅は前年の9・1%から2・1%に縮んだ。依然として1日平均75人が自殺しており、自殺率は米国の2倍、英国の3倍だ。政府は「自殺総合対策大綱」に列記された項目を確実に実行することが求められる。震災関連の自殺が福島県で増加したことも注視すべきで、戦略的に対策を講じる必要がある。

「毎日新聞」
2014年3月13日夕刊

コラム❶

自殺と自死

苦しい状況に追いこまれたり、行き場のない状態に追いつめられ、死ぬしかないと思いこんで自分で自分の命を絶ってしまう……。この行為を指す「自殺」と「自死」に違いはほとんどありません。ただ、イメージとして、自殺と表現すると「殺」の文字が反社会的な行為ととらえられることがあります。言葉として発するときに「自殺」とは言いにくいことも確かです。『大辞泉』では、「自死」は少しやわらかい表現となり、「非道徳的・反社会的な行為と責めないという語」と書かれています。

以前からどちらの言葉を使ったらいいのかという質問がありましたが、島根県が二〇一三年度から公文書を原則として「自死」に変えると発表し、鳥取県も同様に「自死」に統一すると同年七月にホームページに公表しました。このことが「自殺」「自死」の使い方について世論を引き起こす要因になっています。特にご家族を亡くされた人を「自死遺族」と表現しており、「わかちあいの会」などは「自死遺族の会」と名付けられることが一般的です。しかし実際にご遺族にお話を聞くと、「自殺」でも「自死」でも、亡くなったということ、起こったことが変わることはない、つらさや自責の念が消えるわけでもないと言われる方が多くおられます。

大阪自殺防止センターでは、どちらかに統一する必要はないと考えています。「自殺」と表現するほうが適している場合もあり、「自死」のほうが自然なこともあります。ご遺族や死にたい気持ちを抱えている人の思いをしっかり受け止め、寄り添っていくことに変わりはありません。

問 2

自殺は、女性より男性、若い人より高齢者が多いと聞きましたが、そうした違いはありますか？

問1で述べたとおり、二〇一三年の自殺者数は二万七二八三人でした。そのうち男性が一万八七八七人、女性は八四九六人で、女性の約二・二倍で圧倒的に男性のほうが多くなっています。この傾向は日本だけでなく世界的にも同じようなことがいえるようです。

統計的にみると、女性より男性、既婚者より未婚・離別者、有職者より無職者の自殺死亡率が高くなります。自殺予防総合対策センターの資料によると、中高年で離別した無職男性と、同年代で既婚有職女性の自殺率を比べたら約一〇〇倍もの違いがあったようです。

ではなぜ、女性の二倍以上の男性が自殺するのでしょうか。このことについては今のところ、はっきりとはわかりません。

しかし、一方で自殺未遂の場合は男性より女性のほうが圧倒的に多いのです。二〇一二年に出された『大阪府自殺未遂者実態調査報告書』（大阪府、関西医科大学附属滝井病院）では、未遂者の約三分の二が女性であると記載されています。この統計をみると、一般的に自殺は男性のほうが多いといわれるのは、既遂《きすい》は男性が多いということで、自殺をしようとする人は男性が多いとは一概にいえません。

このことはどこにもあまりふれられていませんが、二〇一一年は女性の自殺者数が一九九八年、一九五六年に次いで過去三番目に多い数となっていました。今後、この傾向も注視する必要があります。

また、かつては高齢者の自殺が多いといわれていましたが、近年は若年層の自殺も深刻化しています。

さらに、性別や年代だけでなく、最近は、都道府県別や人口密度、天候や地形との関係、地域のつながりなどの傾向も調査・研究されはじめています。

たとえば岡檀《まゆみ》さん（和歌山県立医科大学講師）は、自殺の少ない徳島県海部《かいふ》町に特に強くあらわれた要素を次の五つの「自殺予防因子」として紹介されています（岡檀『生き心地の良い町―この自殺率の低さには理由がある』講談社）。

・いろんな人がいてもよい、いろんな人がいたほうがよい
・人物本位主義をつらぬく
・どうせ自分なんて、と考えない
・「病」は市《いち》に出せ
・ゆるやかにつながる

表1　二つの町のアンケート結果

	海部町	A町（自殺多発地域）
相手が見知らぬ人であっても、ほとんどの人は信用できる	27.6 %	12.8 %
地域のリーダーを選ぶとき、問題解決能力を重視	76.7 %	67.3 %
地域のリーダーを選ぶとき、学歴を重視	6.8 %	13.3 %
自分のような者に政府を動かす力はない	26.3 %	51.2 %
悩みを抱えたとき、誰かに相談したり助けを求めたりすることに抵抗がない	62.8 %	47.3 %
隣人との付き合い方では、日常的に生活面で協力	16.5 %	44.0 %

（『生き心地の良い町』より作成）

問2

自殺は、女性より男性、若い人より高齢者が多いと聞きましたが、そうした違いはありますか？

それは「多様性を重視する」「人に関心があるが監視ではない」「悩みがあれば早めに相談や受診をする。助けを求めることに抵抗感が低い」「人と人のつながりがゆるく、人への評価も固定しない」ということのようです。

長い時間をかけた聞き取り調査や研究から、自殺の多い地区と比較しながらコミュニティの特性と自殺率の関係を明らかにし、コミュニティや地理的特性に注目して「いいとこ取り」をすすめています。

また、二〇一一年の自殺死亡率（一〇万人当たりの自殺者数。警察庁調べ）が全国最少だった奈良県では、その背景を分析し施策に反映させるため、二〇一二年「自殺対策基本方針」をつくり、検証作業を続けています。

まだまだ自殺についてはわからないことが多いので、こうした傾向を知って対策を考えることも、今後、自殺防止にとって大事になるでしょう。

問3 自殺は個人の性格などが起因するのではないですか？

確かに同じ状況におかれた人でも、自殺を決行する人とそうでない人がいます。ですが、それも紙一重のようなものであり、自殺を決行するかどうかは性格的な問題と簡単に片づけられない部分が多いのです。

死にたい気持ちになって駅のホームに立って、今度の電車に飛び込もうと逡《しゅん》巡《じゅん》した人たちの話をうかがったことがあります。その人たちは特別な人ではありません。ごくごく普通に暮らしていたのに、いろんな問題が起き、自分一人では抱えきれなくなってしまいました。もう死ぬしかないと思いホームに立ったようですが、一歩線路に踏み出す足を止めたのは、自分を心配してくれる周りの人を思い出したことでした。その一瞬に思い出せたから思いとどまった、ということです。

自分のことなど心配する人は誰もいないと思っている人も、周りを見渡せば誰かいるはずですが、その人の存在に気づけないような精神状態になってしまっているのでしょう。

いつも前向きで元気だという人でも、人生には、いつ、なんどき、どんなことが起こるか予想がつきません。予想がつかないことが起こるから、パニックになったり、うつ状態になったりします。

また、幼少期に虐待を受けていたり、大人になってもパワハラなどを受けたりすると、自分の存在価値を見いだせなくなります。自分を大切に思えなくなってしまいます。

自分なんかいないほうがいい。死んだほうがいいと思えてしまうのです。今、恵まれた状況にあっても、どんなに元気で明るい性格だと思っていても、周りから無視されたり、乱暴に扱われたりして大切な存在と認められない状態が続けば、誰でも自尊感情（自分に対する肯定的な感情）が低くなってしまいます。そうなると自分が死んでも誰も悲しんでくれない、生きている価値がないと思えてきて、自殺を考える気持ちがわきあがることもあるのです。

こういうことがあれば、決してその人個人の問題ではありません。人はいろいろな人との関係のなかで生きていきます。学校であり、会社であり、居住地域であり、社会であり、どんなところでも大切な存在であると思いあえるお互いの関係が必要ではないでしょうか。

いじめも自殺につながる大きな問題です。

いじめがよくないとわかっていてもなかなか社会からなくならないのは、人を支配しようとする気持ちがあるからかもしれません。支配する人・される人ではなく、同じ人間としてのかかわりが大切です。いじめを受けている場面に居合わせても知らぬ顔をしてしまうことがあります。いじめを受けること自体がとてもつらく悲しいことですが、それを見て見ぬふりをされることもそれ以上に絶望感を抱いてしまうことになります。

からかわれたり、ばかにされたりという場面に遭遇したら、「そんなことはやめようよ」と言う勇気が必要でしょう。

「命を大切に」という言葉もよく自殺防止の標語となっていますが、自殺を選んだ人は決して命を大切にしていなかったのではありません。命が大切だと思うからこそ、大切にされていない状態で生きていけなくなってしまったのです。自殺は関係性のなかで起こることが多いです。「死にたい」と言う人に、「その人が弱いから」などと個人の問題にしないで、「死んでほしくない」「あなたのことが大切です」という気持ちを伝え、あきらめずに〝関係を切らずに居る〟ことが大切なのです。

問
4

自殺の原因にはどんなことがあるのでしょうか？

自殺には失業・リストラや就活、病気や家族の死、ＤＶやいじめ、失恋、性的指向の悩み、大きな災害、経済的問題など、さまざまな要因があります。よりそいホットライン（コラム⑤参照）には次頁の「リンク・資料」のような悩みが寄せられています。

警察庁では、自殺の原因を、遺書や遺族からの聞き取りなどで推定できる範囲で、一人三つまで計上して調べています。二〇一三年で最も多いのは健康問題で、全体の約五〇％でした。次いで経済・生活問題が約一七％、三番目に家庭問題で約一四・五％となっています。ほぼ毎年同じような傾向です。

原因は一つだけでなく、さまざまな要因が複雑に絡み合って自殺へと追い込むといわれています。

ＮＰＯ法人自殺対策支援センターライフリンクは「自殺実態一〇〇〇人調査」をおこない、『自殺実態白書二〇〇八〔第二版〕』をつくりました。そのなかに、遺族への聞きとりで見えてきたこととして、次の八つをあげています。

①自殺の背景には様々な「危機要因」が潜んでいる（計六八項目）

②自殺時に抱えていた「危機要因」数は一人あたり平均四つ

③「危機要因」全体のおよそ七割が上位一〇要因に集中

④自殺の一〇大要因が連鎖しながら「自殺の危機経路」を形成

リンク・資料（お悩み別）

仕事の悩み　生活の悩み　住居の悩み　自殺念慮　心の悩み　家庭の悩み　お金の悩み　病気の悩み　障がいに関する悩み　犯罪に関する悩み　性に関する悩み　ＤＶ・性暴力　子ども　法律、法的手続きに関する悩み　行政、その他手続きに関する悩み　教育に関する悩み　人間関係の悩み　外国籍市民　原発の悩み　その他

（一般社団法人 社会的包摂サポートセンターのホームページより）

⑤危機連鎖度が最も高いのが「うつ病➡自殺」の経路
⑥一〇大要因の中で自殺の「危機複合度」が最も高いのも「うつ病」
⑦「危機の進行度」には三つの段階がある～危機複合度を基準にして～
⑧危機要因それぞれに「個別の危険性」がある

自殺の一〇大危機要因とは次のものです。

①うつ病
②家族の不和（親子間＋夫婦間＋その他＋離婚の悩み）
③負債（多重債務＋連帯保証債務＋住宅ローン＋その他）
④身体疾患（腰痛＋その他）
⑤生活苦（＋将来生活への不安）
⑥職場の人間関係（＋職場のいじめ）
⑦職場環境の変化（配置転換＋昇進＋降格＋転職）
⑧失業（＋就職失敗）
⑨事業不振（＋倒産）

⑩過労

原因はさまざまありますが、その一つだけですぐに死につながるわけではありません。複数の要因が複雑に絡み合い、重なり合ったときに、どうしようもない思いになってしまいます。

人は行き詰まると、視野が狭くなり、周りが見えなくなります。もうどうしようもない、死ぬしかないという気持ちに追いつめられてしまうのではないでしょうか。

その行き詰まった状態を誰にもわかってもらえない、理解してもらえないと孤独感や絶望感が高まり、よりいっそう自殺へと向かってしまうのではないかと思います。

自殺を防ぐ一つに、窮地にある人に対して「あなたのことを理解しようとする人がそばにいるよ」ということをわかってもらうことが必要です。たとえすべてが理解できなくても、つらさや苦しさをわかろうとする姿勢で話を聴いてくれる人がそばにいることが生きる意欲を呼び起こすことにつながります。

コラム❷

過労による自殺と労災認定

「過労自殺」は、長時間労働や休日のない勤務を強いられ、次第に肉体的・精神的な疾患にかかり自殺に追い込まれていくことですが、最近はパワハラや嫌がらせ、人間関係のトラブルでうつ病などになり自殺というケースも増加しています。

ここでは、どんな場合が労災と認められるのかを考えてみましょう。

過労自殺の場合、労災と認定されるためには精神障害を発病していることが要件になっているといわれています。しかし、精神科の通院歴がない場合でも、内科などの他科の通院歴、家族や同僚などの証言メールや日記などの記載内容、定期健康診断の結果、遺書の内容などから、精神障害の診断基準を満たすと認められる場合や、種々の状況から診断基準を満たすと医学的に推定される場合には、精神障害を発病したものとして取り扱われます。

また長時間労働が労災では重視されるといわれますが、具体的にはどれくらいの長時間労働があれば労災上考慮されるのでしょうか。

「心理的負荷による精神障害の認定基準」（以下「認定基準」といいます）は、基本的には、一カ月当たり一六〇時間、一〇〇時間、八〇時間の時間外労働のいずれかがあった場合、時間外労働時間を考慮しています。

労災の時間外労働時間は、一般的な給与明細における時間外労働時間数とは異なります。労災における時間外労働時間の計算方法は、原則として、精神障害発病の日からさかのぼって三〇日間で区切り（四週間＋二日）、一週間の総労働時間から四〇時間を引くという方式で計算されます。

たとえば、九時出勤、二一時退勤、休憩一時間として、月曜日から土曜日まで週六日間勤務したとします。すると、一週間の総労働時間は、（二一時－九時－一時間）×六日＝六六時間となり、一週間の時間外労働時間は六六時間－四〇時間＝二六時間となります。この場合、二六時間×四週間＝一〇六時間ですから、残りの二日を考えなくても一カ月当たり一〇〇時間の時間外労働時間があったことになります。

では、「職場にタイムカードがないため、正確に時間外労働時間を調べることができない」ときは、労災を請求することはできないのでしょうか。

時間外労働時間の根拠となる資料はタイムカードに限定されません。たとえば、ＥＴＣの記録、メールの記録、交通機関のＩＣカード記録、仕事に使用していた手帳の記載など、さまざまな資料を根拠とすることができます。また、同じ職場の同僚の証言なども有力な根拠となることがあります。

上司からのハラスメントを受けた結果、自殺されたとき、認定基準では、ハラスメントに関し「（ひどい）嫌がらせ、いじめ又は暴行を受けた」「上司とのトラブルがあった」などの出来事を規定しています。

しかし、認定基準では、単にハラスメントに当たるような行為があったからといって、業務における心理的負荷の強度を「強」と考えるわけではありません。特に上司からのハラスメントの場合、「業務指導の範囲内」か否かが問題となります。そして、どのような場合に「業務指導の範囲内」を逸脱したと判断されるかは、問題となるハラスメント行為の内容、態様、回数、期間、被害者と加害者の地位、業務との関連性の有無や程度などを総合的に考慮しないと決めることができないと考えられます。

さらに、借金など業務以外のトラブルを抱えていれば、労災は認定されないのかというと、認定基準は、対象疾病の発病と、対象疾病の発病前おおむね六カ月の間に業務による強い心理的負荷が認められれば、業務以外の心理的負荷のうち特に強いものがある場合などにかぎり、評価の対象になると定めています。つまり、たとえば離婚などがあった場合で、特に心理的負荷が強い場合にかぎり評価の対象とされます。

ですから、消費者金融からの借り入れがあったとしても、金額にもよりますが、一般的には労災の認定にほとんど影響を与えないといえます。

過労自殺については、さまざまなケースが考えられます。まずは、過労自殺問題に詳しい法律の専門家にご相談されることです。その際、葬祭料は二年で時効消滅、遺族補償給付は五年で時効消滅となるので、ご注意ください。

〈**自死遺族支援弁護団・生越照幸**〉

問 5

どういう相談が多いですか？

ここでは、大阪自殺防止センターの統計データを元にお話しします。

まず相談として一番多いのが、精神疾患と思われる内容です。特にうつ病で何もできず、体もしんどいうえに、周りからわかりにくいので「怠けている」とか、「やる気がない」と思われ、理解されずにつらい思いをつのらせている人が多いです。

自殺の原因も同じですが、問題が一つだけでなく、いろんなことが複雑に絡み合って幾重にもつらさを増してしまっているようです。

うつ病かもしれないことを表に出せずに、普通に仕事に行っている人もいます。

勤務先に病気のことを言うと辞めさせられるという不安があり、なかなか言い出せないといいわれます。それでなくてもリストラや就職難の現在、せっかくついた仕事を辞めたくないから病気のことは言えない。しかし、実際は仕事もきつく、ますます病気が悪化することになってしまいます。

人間関係の問題もあります。特に親子関係は大切であるからこそ、うまくいかないとつらくなってしまうようです。思っていることがうまく伝わらず、相手の思いも理解できずに行き違いもあるのではないでしょうか。

親に対してのマイナスの感情は抱いてはいけないと思っている人もいます。親から受けているひどい仕打ちはいっぱい話しているのに、その親に対して「どのように思っているの？」と聞いても、「小さいときから一生懸命育ててくれてありがたい」という返事があったりします。疑問に思い、「私なら腹が立つし、憎いと思うけど、そうは思わないの？」と言うと、「そんなことを親に思ってもいいの？」との返事でした。自分が本当に思っている感情をだめだと否定すると、よけいにつらくなります。親であっても大切な人であっても、怒りを感じることもあるし、いやな思いを抱くのも自然ですが、そのことをいけないと思っているようです。自分の気持ちを素直に出せないことや理解してもらえないことが、よけいにつらさを増してしまいます。

「失感情症《しつかんじょうしょう》」という言葉がありますが、自分の感情に気づかず、つらさを抱えこんでしまい、体調を崩してしまう人が増えているようです。自分自身がどう感じているかをなかなか言葉にできないのでしょう。

そのときどきの社会情勢によって、たとえば一時期「多重債務や借金問題で自殺者が増えた」と報道されると、「そういう問題で相談される人が多くなっていますか?」と新聞社などから問い合わせがあります。最近も、就活がうまくいかずに死を選んでしまう学生が増えているという報道があり、「相談のなかで就活で悩んでいる人が増えていませんか?」と取材を受けたことがありますが、大阪自殺防止センターへの相談は、それほど社会情勢で内容が変動することはありません。

大阪自殺防止センターの相談状況（2013年）

表２　2008年～2013年における自殺者数と電話相談受信者数
（自殺者数は警察庁発表の全国数）

年	2008	2009	2010	2011	2012	2013
男性自殺者数	22,831	23,472	22,283	20,955	19,273	18,787
女性自殺者数	9,418	9,373	9,407	9,696	8,585	8,496
自殺者合計	32,249	32,845	31,690	30,651	27,858	27,283
男性相談者数	5,050	4,241	3,689	3,574	3,794	3,659
女性相談者数	5,886	5,165	3,950	3,622	3,728	3,286
相談合計	10,936	9,406	7,639	7,196	7,522	6,945

図１　問題別相談受信数（2013年）

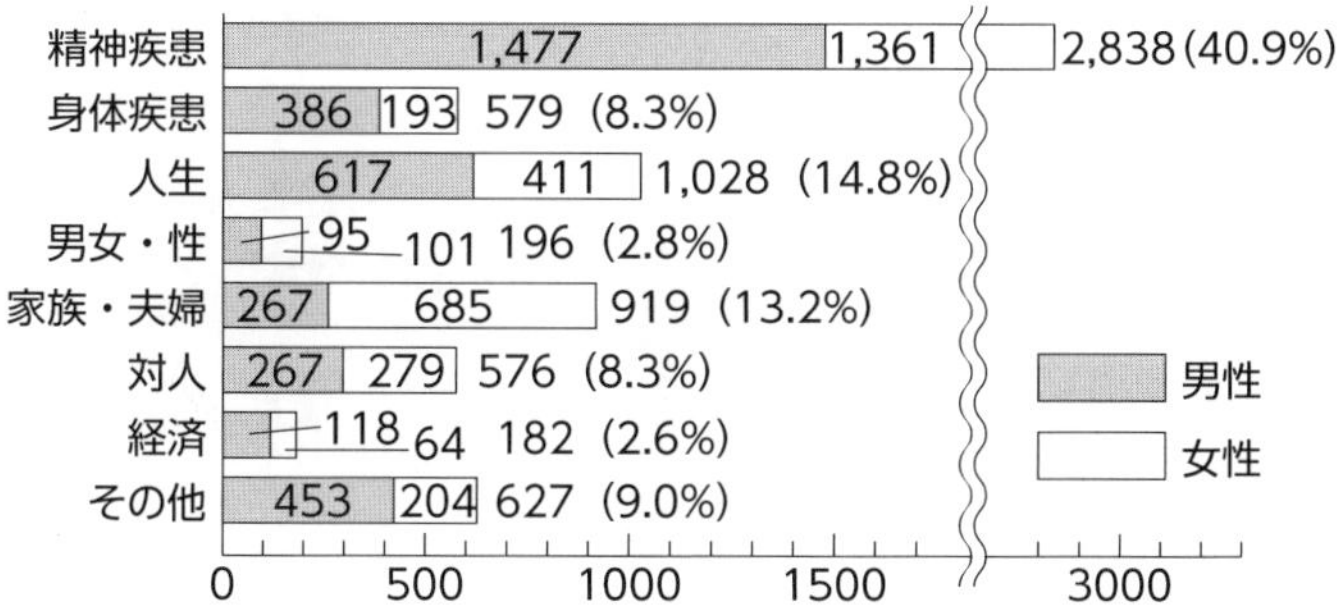

図２　自殺の危険度（2013年）

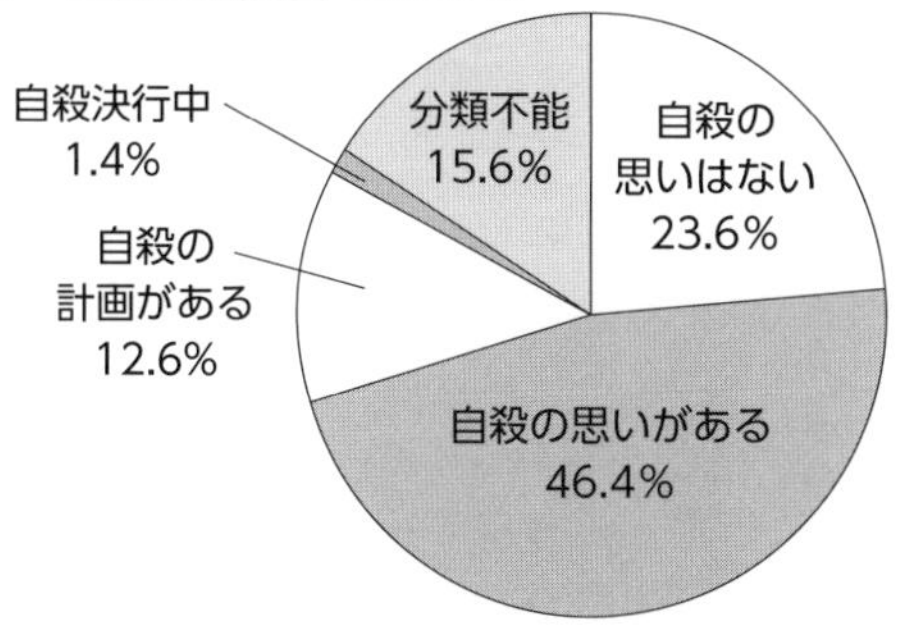

問 6

眠れないことが続くと自殺につながりますか？

「眠れない」というとき、何か緊張するような理由があって、一時的なものであればさほど心配はないのですが、「疲れているのに眠れない」といった状態が、一週間、二週間と続くときには、うつ病など、精神疾患のレベルにいたってしまっていることがあります。その場合には、適切な治療を受けないと病気の症状として自殺念慮が出てくることがありますので要注意で、医療機関を受診することが大切です。

一方、健康な人でも残業などの関係で眠れない状況が続くと、心身の疲弊が生じ、それが長く続くと、いわゆる「過労性うつ病」に陥ることがあります。この場合には、本人も病気と思えないため医療機関の受診もせず、うつ病の症状として自殺念慮がたかまり、一気に自殺が生じてしまうことがあります。人にもよりますが、生理的には五時間は睡眠が必要といわれています。忙しければ忙しいほど、睡眠の確保は必ず必要なことなのです。

問4で述べられたように二〇一三年の自殺の原因の約五〇％（一万三六八〇人）は健康問題ですが、その約半数は精神疾患（うつ病五八三二人、統合失調症一二六五人、アルコール依存症二一〇人など）です。精神疾患のなかでも、うつ病は自殺につながる大きな要因といわれています。

うつ病の兆候としてよく聞くのは、「夜、眠れない」という訴えです。「眠れない」と身近な人に言われたら、どうすればいいのでしょうか。また、自分自身も眠れなくなったら、どう対処したらいいのでしょうか。

睡眠障害にはいくつかの種類があります。

①精神生理性不眠、②不適切な睡眠衛生による不眠、③薬物を原因とした不眠、④身体疾患による不眠、⑤精神疾患による不眠、⑥睡眠時無呼吸症候群など呼吸

障害に伴う不眠などです。

一般的によく見られるのは、「精神生理性不眠」と呼ばれるもので、これは、眠ること自体に対して不安と緊張を覚えて、十分な睡眠がとれないというものです。不眠症のなかで最も多く見られるものです。眠ることへのこだわりがかえって緊張を生じさせ、その緊張から不眠が生じているというものです。

対処を間違ってはいけない重要な不眠症状は精神疾患による不眠です。これは精神病、気分障害、不安障害、恐慌性障害（パニック障害）、アルコール依存症など精神疾患の症状として生じる不眠のことです。

ここでは少し一般的に、病的な不眠症状について説明します。

一般的にいって、疲れると普段以上に睡眠時間が増えます。「疲れていたのでバタンキューと寝てしまった」、あるいは「疲れていたので寝過ごした」などといったことです。ところが、心身の疲労がある一線を超えてくると、疲れているのに眠れないということが生じてきます。

このように疲れているのに眠れないという症状が続くようになると、心身の状態が危険な状態にまで至っている信号とみなすことができます。こうした不眠症状で見落としてならないのが、うつ病による不眠症状です。うつ病には、不眠症状がほとんど必ずといっていいくらいに生じます。

うつ病による不眠症状と一般の不眠症状の違いは、後者では不眠が何日も連続して続くことはまずありません。また、眠れないことはあっても、ほかの精神症状はあまり生じません。疲れているのに眠れない、そして、何事にも興味がわかない、憂うつな気分が続くといった症状も伴い、これらが一週間、二週間と続く場合には、うつ病をはじめとする精神疾患のレベルに至っている可能性が強くなります。

対処方法についてですが、精神生理性の不眠症状であれば、眠ることへのこだわり（眠らねばならないという思い）がかえって不眠を助長しているという悪循環に気づくことが大切です。そして緊張を和らげるような対処、心理療法、場合によっては軽い抗不安薬系の睡眠剤で治療しますが、うつ病など精神疾患のレベルに至っている場合には、専門的な治療を要します。医療的に適切な対応を受ける必要があります。ぜひとも医療機関を受診してください。

よく、眠れないとアルコールを飲んで何とかしようとすることが多いのですが、これは誤った極めてまずい方法です。アルコールは眠りやすくしますが、睡眠の質を悪化させ、また睡眠時間を短くします。さらに、依存性が強いため、アルコール量が増えていってしまいます。そして、睡眠障害をますます増悪させ、うつ病などの精神疾患を発症させたり悪化させたりします。したがって、眠れないからという理由でアルコールを飲むことは決してしてはいけません。アルコールよりは睡眠剤などの薬物のほうがはるかに安全ですから、不眠症状が続く場合には、近くの病院や診療所、クリニックの心療内科・精神科を受診してください。

〈渡辺クリニック・渡辺洋一郎〉

問7 「死にたい」と言われた場合、どうすればいいですか？

ひとことで言うと、「死にたい」気持ちをそのまま受け止めることです。

身近な人、大切な人に「死にたい」と打ち明けられると、驚きと、あってはならないという気持ちがわきます。「死んではいけない」と止めようとしたり、「生きていればきっといいことがある」と慰めたり、「親からもらった大切な命を粗末にしてはいけない」と説教調になったりするのは自然なことで、その人を大事に思うあまりの言葉です。

しかしその人にとっては、「死にたい」という気持ちになっているのが、そのときの、その人そのものであり、死ぬのはいけないと止められたら、「死にたいと思っている『自分』の存在を否定された」と感じてしまいます。「生きていればいいことがある」という保証はありません。「命が大切」であることは、よくわかっています。自分が望むように生きることができないから、「死にたい」と思うようになっているのです。

「死にたい」と言われたことを否定せず聴くことは、自殺を認めることではありません。

否定しなかったら、死んでもいいことになるのではないか、と思われるかもしれませんが、死にたいという「気持ち」を受け止めることと、自殺という「行為」を肯定することは違います。

「死にたい」と思うほどいろんな出来事に遭遇し、つらい、くやしい……など、さまざまな気持ちが心のなかに渦巻いていることでしょう。その気持ちが、そのときのその人そのものです。「死にたい」と言われたとき、「死にたいと思うほど追いつめられ、いろんなことがあったんですね」と問うと、語り始めるでしょう。その語られることを、批判することなく、否定することなく、たまっている気持ちを吐き出してもらうことが大切です。

同時に、自分はこんなことがしたい、あんなふうに生きたいという気持ちもあるでしょう。死にたい気持ちと生きたい気持ちが、同時に心のなかに渦巻いています。どちらの気持ちもその人の本当の気持ちで、それをそのまま聴いてもらい、受け止めてもらうと、自分の存在をありのまま受け止め、自分を肯定してもらったと感じるのです。それだけで十分つらさが和らいで、自分で生きていくことを考える方もいます。

「じさつ」とひとことで言っても、いろいろな表現があり、死に至るまでの心の動きもさまざまです。

まず、自殺念慮、希死念慮、自殺願望とはどういうことでしょうか。「念慮」とはあれこれと思いめぐらすこと、その思い、思慮のことで、自殺のことを考える気持ちです。一方、自殺企図、自殺未遂や既遂と表現されるのは、自殺の行為のことです。

死にたい気持ちがあることと、自殺方法を考え実行することとは分けて考えてほしいのです。

念慮のなかでも、「死にたい」「死んだほうがまし」と思ってしまう気持ちが、一日のある一瞬に起こってくる場合と、四六時中「死にたい」「死んだほうが楽」と思っているときがあります。また、季節や、何かの事柄が起因して一時《いっとき》、死を考えるということもあります。

死を思い、考え、気持ちをもつ。そのうえ、具体的な方法も考える。また、それを実行してしまう。それが途中で命をとりとめたら「自殺未遂」です。「自殺の危険度」には、死にたい気持ちをもつ段階、方法を考える段階、実行してしまう段階があります。

また、死にたくなるほどにつらく苦しく思いつめる場合、何か具体的な問題を抱えていることがあります。相談を受けた人は、そういうときにはまず、そのつらい・苦しいという気持ちを聴き、受け止め、その後、問題解決のために必要な相談窓口を紹介するといいでしょう。

コラム③

「自殺の問い」の意味

大阪自殺防止センターでは、電話をかけてこられるどんな人にも、こちらから「自殺を考えておられませんか？」「死にたい気持ちをもっておられませんか？」と問いかけます。これを「自殺の問い」といいます。

それは、いろんな苦しさやつらさを抱える人が、もしかしたら「自殺を思うほどにつらくなっているのではないか？」と心配してこそ問いかける言葉です。

本人の言葉には「自殺」や「死」がないのに、「こちらから問いかけるなんて大丈夫なのか？」と驚かれることがよくあります。「死を考えていない人に『死』という思いを植え付けることにならないか？」「助長するのではないか？」と不安に思われる人もいることでしょう。

死にたい気持ちがあっても、「自殺」や「死」という言葉自体が言いにくいことです。

もちろんご本人から「死にたい」「自殺を考えている」と言われることもあります。

ある電話相談機関の二〇一二年のデータによると、相談をした人のうち自殺の思いがある人は総数の約一割でした。大阪自殺防止センターの統計では、例年ほぼ六割以上の人に「自殺の思いがある」という結果がでています。

それはこちらから問いかけるからこそわかることです。自殺防止を目的とする相談ではとても大切なことなのです。

二〇〇二年度厚生労働科学研究費補助金（こころの健康科学研究事業）による『自殺と防止対策の実態に関する研究報告書』には、「患者に自殺について質問すると、かえって自殺行動を引き起こしてしまう、というのは誤解で、実際は自殺について質問するとしばしばその感情に伴う不安感が和らいでいく。患者は安心し、理解されたと感じる」と述べられています。これはＷＨＯ（世界保健機関）のホームページに「自殺防止の手引き」として掲載されています。

また、内閣府がつくった『ゲートキーパー手帳』には、「『死にたいと思っていますか？』とはっきり尋ねてみることが大切です」と書かれています。「死にたい」「自殺を考えている」という言葉は尋ねられて初めて言葉にできるという人が多くいることを知っておくことが大切です。

聴く側にはたぶん、「こちらから自殺の問いをして、その答えが『はい、死にたい気持ちがあります』と言われたらどうしよう」との不安があるため、尋ねにくい質問だろうと思います。

では、答えが「はい」ならどうするでしょうか。死にたくなるほどにつらい、苦しい「気持ち」をただただしっかり受け止め、聴く。それが一番大事なことなのです。まず気持ちを話せる関係をつくることです。

ついつい言ってしまいがちな言葉、「死んではいけない」「死ぬ勇気があれば生きていける」「残された人が悲しむ」などの当たり前の言葉をかけても、「この人には私の気持ちはわかってもらえない」とがっかりさせることになり、信頼関係を築けなくなってしまいます。

「自殺の問い」は「死にたい」ということまで聴いてくれる、話してもいいんだということで、安心していろんな話をしてくださる糸口になる問いかけなのです。

問8 自殺防止のために私たちができることはありますか？

自殺を防止するためには、さまざまな支援が必要です。多重債務や家族問題を取り扱う法律の専門家、生活相談の窓口、医療の専門家など、直面する課題を解決に導く方々の支援が必要です。

もしあなたが、課題を解決するための専門的知識、資格をおもちなら、属している団体などを通じて、特に自殺防止といわないまでも、支援をおこなうことができます。

大阪自殺防止センターの電話相談では、死にたいほどの気持ちを傾聴し、友だちのように寄り添って（ビフレンディング Be friending）、つらさを少しでも和らげることに努めます。

傾聴やビフレンディングは、専門的知識や経験がなくてもできます。

内閣府の「自殺対策に関する調査」（二〇一二年一月）によると、大人の四人に一人は「自殺を考えたことがある」と答えています。それほど多くの人が真剣に自殺を考えていますが、そのことを口にすると、保証のない慰めを受けたり、説教されたりします。そのため、死にたい気持ちを訴えることができず、苦しさ、つらさが増していきます。

死にたいと考えている人は、直接的に「死にたい」と表現できなくても、何らかの言葉や態度でその気持ちをあらわしています。「疲れた」「遠くに行きたい」「もう終わりにしたい」というような現実から離れたいという表現や、「ありがとう」「世話になった」という感謝の言葉で区切りをつけようと思ったりします。また急に身辺整理をしたり、尋ねると遺書を書いているということもあります。そして死にたくなるほどつらい気持ちがいっぱいになると、問題の解決にあたることができないほど混乱しています。

そのような様子を感じたら、「どうしたの？」と声をかけ、話を聴き、つらそうな状況にあると感じたら、「もしかしたら、それで死にたい気持ちをもっていませんか？」と尋ねるのが、ゲートキーパー（門番の意味。問9参照）の役割です。尋ねて「死にたい気持ちがある」との反応があれば、まずはその気持ちをしっかり受け止めて、そのあと専門家に相談するよううながしましょう。このことで、日常生活のなかで、自殺防止の役割を果たすことができます。

しかし、死にたい気持ちを聴き、受け止めることは、その気持ちを受ける側もつらいことです。一人で抱え込まず、そのつらさを共有する、信頼できる人が身近にいることが大切です。

「自殺のことが話題にできる」社会になり、弱い人が自殺するのだと個人の問題にしてしまうのではなく、その原因をとり除くことを社会全体で取り組もうという思いを広げることが、死を考えるほどに追いつめられる人を少なくすることになっていくのではないでしょうか。

問9

ゲートキーパーという言葉を聞きましたが、どういう意味ですか？

国が二〇〇七年に策定した「自殺総合対策大綱」でゲートキーパーの育成が目標にあげられました。内閣府共生社会政策統括官の自殺対策のホームページには次のように掲載されています。

・「ゲートキーパー」とは、自殺の危険を示すサインに気づき、適切な対応（悩んでいる人に気づき、声をかけ、話を聞いて、必要な支援につなげ、見守る）を図ることができる人のことで、言わば「命の門番」とも位置付けられる人のことです。

・自殺対策では、悩んでいる人に寄り添い、関わりを通して「孤立・孤独」を防ぎ、支援することが重要です。一人でも多くの方に、ゲートキーパーとしての意識を持っていただき、専門性の有無にかかわらず、それぞれの立場でできることから進んで行動を起こしていくことが自殺対策につながります。

・「自殺総合対策大綱」（平成一九年六月八日 閣議決定）においては、九つの当面の重点施策の一つとしてゲートキーパーの養成を掲げ、かかりつけの医師を始め、教職員、保健師、看護師、ケアマネージャー、民生委員、児童委員、各種相談窓口担当者など、関連するあらゆる分野の人材にゲートキーパーとなっていただけるよう研修等を行うことが規定されています。

・また、ゲートキーパーは、我が国のみならず海外でも、自殺対策の分野でも広く使用されている用語、概念であって、ＷＨＯ（世界保健機構）を始め、多くの国々で使用され、その養成プログラムが実施されています。

二〇一一年度三月の自殺対策強化月間に出された国民向けの啓発ポスターには「あなたもゲートキーパー宣言！」という標語が掲載されています。これは市民のみなさんが悩みを抱えている人に早く気づき、声をかけて専門機関につなげ、その後も見守り続ける人、いわゆるゲートキーパーになってほしいとの願いのようです。

といっても、死を考えるほどではない悩みなら、どんな人でもゲートキーパーの役割を担えるでしょうが、自殺の思いがある人には、やはりそれなりの傾聴や支援の訓練が必要です。

もし目の前の人が「死にたい！」と言ったらどのように対応できるでしょうか。ついつい「死んではいけない」「死ぬ勇気があれば生きていける」「死んで花実が咲くものか！」などと言いがちです。しかしそれは死にたいほどにつらい気持ちを受け止めるどころか、その人を否定してしまうことになります。

まずは「自殺」や「死にたい」という言葉に必要以上に驚かず、恐れず、あわてずに、落ち着いて、「死にたいほどのつらい気持ちなのだな」と、その気持ちを受け止め、ゆっくり話を聴いてください。

それができない人は、逆に安易に声をかけることが、話をする側にも受ける側にも危険なことです。

「生きていればいいこともあるよ」「きっとよくなるよ！」などの、安易で確証

問9 ゲートキーパーの役割

①気づき	「眠れない」「食欲がない」などの変化に気づく
②声かけ	「どうしたの？」「力になれることない？」と声をかける
③傾聴	相手の気持ちを尊重し、否定せずに耳を傾ける
④つなぎ	専門的な窓口の情報を提供し、相談するように促す
⑤見守り	その後も温かく寄り添い、必要なら相談にのると伝える

（内閣府「誰でもゲートキーパー手帳」から。詳しくは内閣府の自殺対策サイト〈http://www8.cao.go.jp/jisatsutaisaku/index.html〉をご参照ください）

のない励ましは逆効果です。余計に信頼感がなくなります。自分の抱えるつらさをわかってもらえないと、孤独感や孤立感が増すばかりです。死を考えるほどの抑うつ感や絶望感をもった人には、通り一遍の励ましは役に立つことはありません。

心配のあまり、隣にきて背中をさする、抱きしめる、手を握る。そんな気持ちで寄り添うことです。ただ黙ってそばに居続けることが大切です。ゲートキーパーの役割を果たすなら、死にたい気持ちから逃げないで、ずっと寄り添う、そういう覚悟が必要です。

そして最後の生死の判断は本人しかできないということを心の奥で理解していることも大切です。相手のつらさは少しの間は支えられるかもしれませんが、その人の人生を引き受けることはできません。

自殺を「止める」「やめさせる」という思いをもつなら、それは自分の傲慢《ごうまん》さかもしれません。「あなたのことを大切に思っている」「死なないでほしい」という気持ちを伝えることが一番大事なことです。

床屋さん 命の「門番」

自殺防止役 広がる活動

常連客との世間話が得意の昔ながらの理容店が、自殺の兆候をキャッチして防止する「ゲートキーパー」役を買って出る活動が各地で広がっている。旗振り役の全国理容生活衛生同業組合連合会（東京都）は「理容店は減少傾向だが、新たな社会貢献で存在感を示したい」と話している。【土本匡孝、写真も】

理容師は理髪の間に1時間近く、常連客の顔を見ながら会話するため、ゲートキーパーに適している。同連合会によると、富山市で数年前、美容師が悩んだ様子の客を心療内科に紹介し、回復した例があったという。

これに着目した同連合会が昨年、各都道府県の組合に講習会の開催を呼びかけたところ、2012年度中に全国で少なくとも2万4585人の理容師が参加した。また、徳島県の組合は近く、同県と包括的な協定を結ぶ。講習会に県が精神科医や臨床心理士を派遣▽加盟約340店が相談窓口が書かれたパンフレットを置く——などの内容になる予定だ。

会話1時間 心もサッパリ

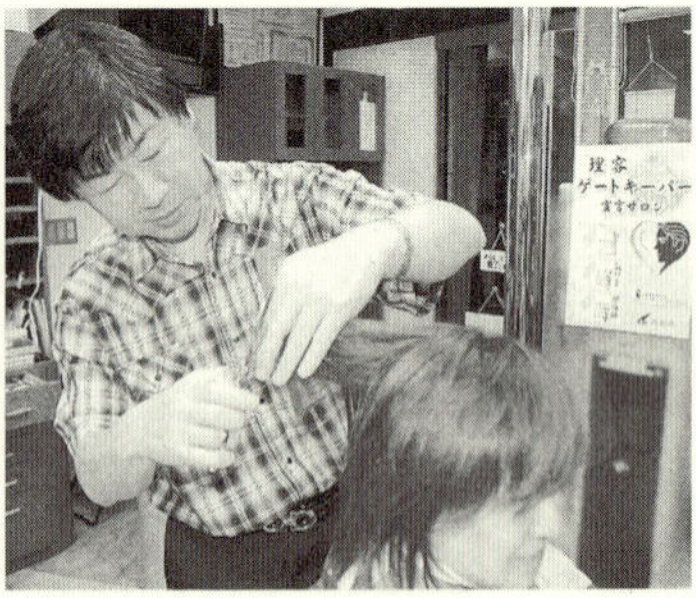

ゲートキーパーとして「お客さんのわずかな変化にも気付いて話しかけていきたい」と話す野村さん（左）＝京都府向日市で今年4月

京都府向日市で妻と店を経営する理容師、野村宜孝さん(56)は昨年9月、地元の支部主催の講習で、臨床心理士から約1時間の指導を受けた。「心を込めて話を聞くだけで多くの人は気分が楽になる」と聞き、「それなら自分にもできる」と早速、店に「ゲートキーパー宣言サロン」のチラシを掲示した。

野村さんの店の客は多くが常連。「専門的なことは分からないが、お客さんの家族構成や性格、趣味など事情はよく分かっており、悩みがあれば表情で気付く。お客さんを助けることにつながるので頑張りたい」と意気込む。

自死遺族が思いを語る場を提供する会「こころのカフェ きょうと」（京都市）代表の石倉紘子さん(69)は「慣れた理容店ではリラックスして心を解放しやすい。効果が期待できる」と話す。同連合会によると、11年度の全国の店舗数は13万1687店で、ここ10年間で約1万店減少した。

ゲートキーパー 英語で「門番」の意味。自殺を考えるほど悩んでいる人に気付き、話を聞いて必要な支援につなげる人を指す。特別な資格ではなく、2007年の国の自殺総合対策大綱で重点施策の一つに掲げられ、内閣府がテキストを作成するなど養成を促進している。

「毎日新聞」2013年5月20日朝刊

問10 相談を受けた人自身のケアはどうしたらいいですか？

死にたいほどにつらい思いをもった人の話を聴くと、こちらのほうもつらくなります。

話を聴いた人がそのつらさを抱え込んでしまえば、二次受傷や共感疲労となり、燃えつきてしまって（バーンアウト）仕事が続けられなくなってしまうこともあります。

そうならないためには、話を聴いた人のケアも必要となります。

そのためにはまず、信頼関係を保てる仲間がいることが必要です。

特に自殺の思いが強い人の話を一生懸命聴いたあとに、「やっぱり死にたい気持ちは変わりません」などと言われ、電話を切られたときなど相談を受けた人の心に残る重たい気持ちは言いあらわしようがないほどです。自分の対応が悪かったのか、もし違う人が聴いていれば別な結果になったのではないかと、自責の念がわきおこります。そういうときにこそ、信頼できる仲間同士で、「あなたはあなたなりに、今できることを精いっぱいした」と認めあうことが大切です。

大阪自殺防止センターの相談員はどのようにケアしているかをお話ししましょう。センターでは、年に数回研修をおこない、日頃の自分の対応がこれでいいのか、とお互いが研鑽《けんさん》しあうようにしています。その場合も、決して批難や批判しあうのではなく、相談員のしんどさを認め、受け止めあうようにしています。

そして現状に甘んじるのではなく、相談者の気持ちをもっとよく受け止め、もっと寄り添えるよう研修をおこなっています。

死にたいほどのつらい気持ちを一人で聴くのは大変です。同じ目的をもった人同士が協力し、支えあいながら精進し続けることが大切です。

大阪自殺防止センターの活動の基本となっているイギリスのサマリタンズで実施している研修では、「ヒューマンチェーン」（人と人のつながり）で自殺の思いをもった人を支える、というプログラムがあります。支えるほうも一人ではないという体制があってこそ、自殺防止の活動をし続けることができます。

相談員のしんどさには、次のようなものがあります。

①相談者のつらさを聴き、受け止めた気持ちのしんどさ。
②解決困難な相談を受けて、どうしようもない無力感、力量不足のしんどさ。
③自身の個人的な問題が整理できていないしんどさ。
④体調不良などによる身体的なしんどさ。

それに対して、次のようなことを心がけてみましょう。

①については、前述したように、しんどさを信頼できる人に聴いてもらい軽減させる。

②については、研修などを受けて自身のスキルアップを怠らない。また事例検討会などで自分の対応を見直したり、必要な場合には連携できる他機関の情報を把握しておく。

③はカウンセリングなどを受け、自分の問題を整理する。

④は休養をとることや睡眠を十分にとるなど、自分に合ったストレス解消法を

もっておく。

相談員は、活動の場でなくても、しんどいときはしんどいと周りに助けを求められる勇気をもっていることが大事です。それが自殺防止活動をおこなう人の資質といえます。

自分自身で自分のしんどさに気づき、それに相応したストレスを低減させる方法を自分でもっていることも支援者としての能力です。

自分のしんどさがどこからきたものかわからないままでいると、そのいらだちから周りの人に八つ当たりしたり、攻撃的になったりして迷惑をかけたり、関係が悪くなってしまうこともあります。

対人援助の活動は相手を大切に思うことはもちろん大事なことですが、まず自分自身を大切にすることが一番肝心なことです。

問11

相談員になるためにどんなことが大切ですか？

ここでは大阪自殺防止センターの場合を述べます。

相談員になるためには、特別な資格や経験は必要ありません。少しでも自殺する人を減らしたいという熱意、さまざまな状況において起こる相談者の気持ちを、批判や評価することなく受け止める姿勢、そして何よりも大切なことは、同じ目線に立ち、寄り添うことです。

また、個人ではなく、自殺防止センターという団体で相談を受ける、グループとしての一体性が必要です。

大阪自殺防止センターでは毎月約六〇〇件の相談電話を受けています。それを数十人で聴くのですから、相談者が次に電話をかけたとき、どの相談員が受けるかわかりません。一生懸命、話を聴かせていただき、ある程度落ち着かれても、またつらくなって電話することもあります。そういうときには、同じ相談員のほうがいいのではないか、と思われるかもしれません。しかし、電話をかけたそのときの気持ちを受け止めることができれば、誰が聴いても話した効果は生まれます。どの相談員も同じようにしっかり相談者の気持ちを受け止める、誰が受けても大丈夫、という相談員同士の信頼関係が大切です。

相談ボランティアの養成講座は、認定された先輩相談員がスタッフとしてかかわり、進めています。主にロールプレイという、受講生が相談者と相談員の役になって、模擬相談をおこない、どのように聴くことが大切なのか、体験的に学びあいます。

聴くことのポイントは、相談者の気持ちを受け止め、相談員の素直な気持ちを相手に伝えることです。一般的には、日常生活で自分の気持ちをストレートに表現するのを抑えることがあります。ですが、友だち同士の会話では特にいやな思いをした体験について自分の感情を率直に伝えることで、「聴いてもらってスッキリした」という経験があることでしょう。

しかし孤独な環境で自分の感情を誰にも伝えられなくなると、ますます孤独感が強まります。このような相談者からの電話を受け、抑えられた感情を表現してもらい、批判や評価をすることなく受け止め、相談員の感情を伝えて、自然な気持ちのやりとりができるよう研修を進めています。

相談員に応募される方は、社会でさまざまな経験や実績を積んでおられる場合が多いです。そのため、話を聴いていると、何が原因でどうすれば解決できるかに気づくことがあり、つい、そのことを相談者に伝えたくなります。しかし、何が大切かという価値観やどのように対応するかは人それぞれですし、相談員の体験がそのまま役に立つかどうかもわかりません。

また、もし有効な解決方法であるとしても、他人から言われてそのとおり実行するのでは、自主性を育むという点から好ましくありません。自分で気づき、自分で決めた方法で、自分の意思で実行に移すことが大切です。相談員の資質としては、自分の考え方や価値観を話すのではなく、相談者がどうしたいのか、じっくり聴くことが求められます。

そして、こちらの考えを押し付けるのではなく、相談者が自分で気づき、自分で考えて実行する。つまり相談者の自己決定を尊重します。この自己決定には、死ぬという考えも含まれています。これは、自殺を容認することとは異なります。相談者の話をしっかり聴いたうえで、「死ぬという考えは変わらない」となれば、そのときも、そのまま受け止めることです。

なかには、相談員に十分気持ちを話し、感謝しつつも、自殺する意思が変わらないという相談者がおられます。「死んでほしくない」という相談員の気持ちは伝えますが、自殺したい気持ちがある相談者をそのまま受け止めます。この世で、この人の声を聴く最後の人になるかもしれない、という状況で電話を切るのはとてもつらいことですが、相談者の全人格をありのまま受け止めるという姿勢で相談に臨んでいます。

相談員として大切なことは、自分の死生観をいつも見つめ向き合おうとする姿勢、そして自分が聴いた重い相談のしんどさを、信頼できる仲間に話せる関係をもつことです。最初に書いた、グループとして相談を受け付けているということが、この点で重要になります。

問12 自殺で家族を亡くされた方にどんな支援がありますか？

自殺で家族を亡くされた方は、「自分がそばにいて防ぐことができなかった」「予告やサインに気づけなかった」という、自責の念を特に強くもっておられます。その気持ちを誰にも話せずに一人で抱え込み、つらくなり、生きていけない思いが強まって、自殺の可能性が高くなります。

家族の死因が自殺だったことを、近隣の人や親せきに伝えられずにいたり、夫を亡くした妻が、小さな子どもに言えないこともあります。

大阪自殺防止センターでは、同じ体験をもった人同士が話せる場所がほしいという遺族の声をきき、二〇〇〇年一二月に、自死遺族の会（わかちあいの会）である現「土曜日のつどい」を始めました。また二〇〇八年一〇月から、「水曜日のつどい」を開始しました。それぞれ月一回の開催です。

「つどい」では、参加者は話したいときに話し、話したくないときは話さなくてもいいし、泣きたかったら泣いてもかまいません。その場におられる方は、同じ思いをもつ人たちなので、安心して参加することができます。それまで誰にも話せなかった気持ちを話し、わかちあいながら、支えあっておられます。

また、「土曜日のつどい」に参加していた遺族の方々が運営する会ができるなど、発展しています。

さらに個人的に相談したい方のためには、特に行政機関は個別に相談をおこなっています。多重債務の解決に取り組む民間の相談機関や、弁護士の方たちも相談窓口を設けています。

たとえば、子どもがいじめや教師の暴力で自殺し学校や教師を訴えたり、過労自殺に追い込まれた遺族が企業を訴えたりすることがあります。また福島原発事故で避難を強いられ、自殺された方の遺族が東京電力に対して「ただの自殺にしたくない」と提訴したことも記憶に新しいことです。

このように、具体的な課題の解決と、安心して気持ちを吐き出すことの両面で、遺族を支えることが必要です。

下のポスターは、大阪自殺防止センターが大阪府人権協会に協力し、「ストップ！鉄道自殺」事業として取り組み、2012年８月に在阪の鉄道会社の主要駅に掲示されました。

つらい気持ち、ひとりで
抱え込まないでください。
相談
よりそいホットライン
0120-279-338
関西いのちの電話
06-6260-4343
大阪自殺防止センター
06-6309-1121
ストップ！鉄道自殺
国土交通省
あなたをつなぐ一部でありたい

コラム④

グリーフ

グリーフ（grief）とは「深い悲しみ」という意味です。日本語では「悲嘆」「喪失」と表現することもあります。具体的には大切なものや人を無くした（亡くした）ときの、心理的、身体的、社会的な反応です。特に自死で身近な人を亡くしたときの悲しみは言葉には表現できないほどです。

日本DMORT研究会編『家族（遺族）支援マニュアル』には、悲嘆のプロセスを次のように書いています。

1 ショック、茫然自失、感覚鈍磨
2 事実の否認
3 怒り（時には理不尽な）
4 起こりえないことを夢想する
5 後悔、自責
6 事実に直面し、おちこみ、悲しむ
7 事実を受け入れる
8 再出発を期する（遺族の場合は「再適応」）

1から8まで順に心の変化があるのではなく、それぞれの状態にいきつもどりつしながら再適応していく。こういう状態になることは異常なことではなく正常な反応で、病気ではありません。しかし、苦しさが心から離れず眠れない、何もする気が起こらない状態が長く続くと、心療内科など専門機関の治療が必要になることもあります。

再適応できる場合もあれば、そこには至らない場合もあります。

自死でご家族を亡くされたご遺族にとって、こういう心の状態のうえに世間からの偏見や差別があります。そして、最も強い感情が「自責の念」です。「あのとき、ああしていれば、こうしていれば、死なせないですんだかもしれない。死なせたのは自分だ」という思いにさいなまれます。

特に命日が近づくと、つらさがよけいに増してきます。それが三年、一五年、三〇年経っても、亡くなったときのつらさが呼び起こされてきます。

故人と一緒に行った場所に来ると思い出し、一緒に聞いた音楽を聞いて思い出し、そのたびにつらさがよみがえってきます。生き残った自分が楽しんではいけない、笑ってはいけないという思いで生活されている人もいます。そういう人に「笑ってもいいんだよ。故人の分も幸せになってよ」と言っても、そうできない状態におられるので、その言葉がよけいにつらくさせることになります。

ご遺族に、周りの対応でどういう状態が一番つらかったかとうかがうと、「遠巻きに見られる、特別扱いをされることが一番いやだった」と言われます。特別扱いをする必要はありませんが、配慮は大事です。

時間が経過すれば気持ちが安らぐと思われがちですが、そうではありません。

自死遺族の会（わかちあいの会）のなかでは、日頃ご自身が感じていること、思っていることをそのままお話しくださいます。その思いを否定や非難することなく、そのまま受け止めることが一番大切です。

少し落ち着かれたら亡くなった人の分まで楽しもう、幸せになろうという思いが自分自身の心のなかからわいてくるときがあります。自分の言葉で話しながら自身で気づいていかれます。亡くなった人と一緒に生きていると感じる人もいます。そういう思いはこちらから押し付けるものではありません。

つらさ、苦しさ、悲しさは消えることはありません。ただ、同じ状態で永遠に続くということではなく、その形が変わっていくのでしょう。ある人はその思いを無駄にしないようにと、同じ思いをされている人への支援活動に力を注いでいる人もいます。

ご遺族のお話をうかがっていると、人間の心は壊れやすく傷つきやすいけれど、そのなかから回復するという強い力をもっていることに感動を覚えるときがあります。

悲嘆のプロセスを一人で抱えるのは、余計に苦しみを深めていくことになります。「誰にも言わずに一人で墓場までもっていく」という人もいます。そうできる人は、それでもいいと思います。

実際にその場に行くかどうかは別として、同じ経験をした人同士で自分の思いを吐き出せる場があることを知っていることが大切です。そう考えると、身近な人を自死で亡くされた方が安心して話ができる「わかちあいの会」は大切な場所です。年間三万人が自死でなくなるということは周辺にその五〜一〇倍の人がつらさを抱えているといわれています。そうであるなら、もっと多くの人がわかちあいの場をつくること、またそうした場があることを知らせることが最も大事なことです。

問13 遺族の会はどんなことをされているのですか？

先に書いたように、大阪自殺防止センターが開催する自死遺族の会は、「土曜日のつどい」と「水曜日のつどい」があります。この集まりは、遺族の方に安心して話せる場所を提供しています。

参加された方は、自責の念でいっぱいです。話し出しても胸がつまることもありますが、徐々に話せるようになり、また参加されたほかの人の話を聴き、共感を得ることも多くあります。

つどいでは、椅子に座って円座になり、はじめに簡単な自己紹介をします。一巡したら、あとは話したい人が話します。何も言わなくてもかまいません。スタッフは、研修を受けたメンバーが二人、進行役として円の中に入りますが、話しやすいようにうながす程度です。

これらのつどいの参加者ではありませんが、ある遺族は中学二年生のとき、お父さんを自殺で亡くされました。ある日お風呂に入っていたら突然お父さんが入ってきたので、あわてて飛び出したそうです。その翌日、お父さんは自殺されました。「お風呂でお父さんに声をかけたらよかった」「自分に何か伝えたかったにちがいない」、あるいは「学校のこと、部活のこと、何でも話したら、お父さんも何か話したかもしれない」と自分を責めていました。けれどもそのことを周囲の人に話すことはできませんでした。大学生になり、信頼できる友人に話したところ、その友人は「そうだったのか……」と一緒に泣いてくれました。そのことが、少し気持ちを和らげるきっかけになったそうです。

この例が物語るように、身近な人の自死についてはなかなか話せるものではありません。話したところ、根掘り葉掘り聞かれてつらかった、そばにいて気づかなかったのかと言われ、よけいにつらさを増してしまったなどの体験をされた方もおられます。そういうことがなく、安心して話せる場があることがいかに大切かと思います。そして批判や評価をされることなく、そのまま受け止められることで、少しでも気持ちが楽になれる場所を提供することが、遺族の会の存在意義だと考えています。

遺族の会は全国の都道府県にあります。子どもや親、配偶者など、亡くなられた方にあわせた集まりを開いている会もあります。

詳しくは、NPO法人自殺対策支援センターライフリンクのホームページ（www.lifelink.or.jp/hp/top.html）内「自死遺族のつどい」全国マップをご覧ください。

遺族の方の手記や遺族へのサポートの本が出版されています。次にあげるのは、その一部です。

自死遺児編集委員会あしなが育英会編『自殺って言えなかった。』サンマーク文庫

全国自死遺族総合支援センター編『自殺で家族を亡くして―私たち遺族の物語』三省堂

全国自死遺族連絡会編『会いたい―自死で逝った愛しいあなたへ』明石書店

アン・スモーリン／ジョン・ガイナン共著、柳沢圭子訳『自殺で遺された人たちへのサポートガイド―苦しみを分かち合う癒やしの方法』明石書店

問14

相談するところはありますか？抱えている問題によって違いますか？

自治体ではいろんな窓口を紹介した案内のパンフレットなどを配布したり、ホームページで案内したりしています。特に自殺対策基本法（資料①、九四頁参照）が制定されてからは積極的に広報に力を入れています。

もちろん抱えている問題によって窓口も違います。精神保健にかかわる部署、金銭的な問題、法律的な問題、性的なことなど、いろんな分野での相談機関があります。

そういう具体的な問題でなくても、今のつらい気持ちを聴いてほしいという相談ができるところもたくさんあります。

電話相談は、コラム⑤（六九頁）で紹介している「よりそいホットライン」があります。また自殺防止の相談機関として、各都道府県に一カ所は「いのちの電話」が必ずあります。さらに自殺防止センターが国内に七カ所（大阪、東京、松山、宮崎、熊野、岩手、あいち）あり、活動しています。

子どもの悩みには、チャイルドラインなど全国ネットでの相談電話があります。またDVなどに関してはDV相談ナビも全国ネットで電話相談を受けています。自殺で大切な人を亡くした人が同じ体験をもった者同士で語りあえる「自死遺族のわかちあいの会」も現在では各都道府県に一カ所はあるようです。グループで話すのが苦手な人は「こころの健康センター」などで個別の面接相談を受け付けているところもあります。

今、一番の問題はこのようにたくさんある相談窓口の情報が、それを必要としている人に届いていないこと、さらに、その専門機関が個別の対応にとどまり、連携しているところが少ないことです。

地方自治体でもそれぞれの窓口が独自に相談を受け、問題が違えば別の窓口を紹介され、また一から話をし、また次にと、たらいまわしにされることさえあります。

病院では、総合診療科が一括して診察し、必要に応じて専門科を紹介するというシステムに変わりつつありますが、自殺防止の相談も、一つの窓口に行けば個々の問題にあった窓口を紹介し、適切につなげられるという体制が必要です。ワンストップ相談といわれるものです。今後、そういうシステムを充実させていく必要があります。

問題の解決に対して、すぐには結果が出なくても、どこかに相談に行って、自分が「こういうつらい状況にいるのだ」と理解してくれる人がいることが大切です。

巻末（一〇〇頁）に相談窓口を掲載していますので、参照してください。

コラム⑤

よりそいホットライン

よりそいホットラインは、二〇一二年三月一一日から全国的に開始した二四時間通話料無料の「何でも電話相談」です。厚生労働省社会・援護局および復興庁の補助金をいただいて、一般社団法人社会的包摂サポートセンターが運営しています。

この法人は東日本大震災で被災した首長と首長経験者、新潟県中越地震や鳥取県西部地震という災害を経験した地域の首長等で理事会を構成しています。特に代表理事の熊坂義裕氏は元宮古市長ですが、開業医として診療していたときに被災し、自宅のすぐ前まで津波が押し寄せたという経験から「震災後半年を過ぎれば心のケアが求められる。無料でどんなことも相談できる電話相談をしたい。窓口は一つでも多くしたい」との思いで、それまで親交のあった方々と話し合って二〇一一年一〇月に法人を発足しました。

ホットラインの実際の運営は、一般社団法人自殺対策全国民間ネットワーク、NPO法人全国女性シェルターネットなど、七〇〇を超える多様な民間支援団体の協力をいただいています。

全国に三七カ所の地域センター（電話拠点）などを「何でも相談」として稼働。自殺予防、性暴力・DV被害対応、外国語対応、セクシュアル・マイノリティ対応、被災者対応という五種類の専門ラインも設置しています。相談員は全国で約三〇〇〇人、相談員をバックアップするコーディネーター、専門員は三〇〇人ほどの体制となっています。

よりそいホットライン

フリーダイヤル　0120-279-338

音声ガイダンスに沿って下記の相談を選んでください

- 生活や暮らしに関する相談
- 外国語による相談（Helpline for Foreigners）
  ＊英語、中国語、韓国・朝鮮語、タガログ語、タイ語、スペイン語、ポルトガル語で対応
- 性暴力、ドメスティック・バイオレンスなどの女性の相談
- 性別や同性愛にかかわるご相談
- 死にたいほどのつらい気持ちを聞いて欲しい
- 被災地（岩手・宮城・福島県）以外からかけている被災者の方
  ※被災地専用ダイヤル（0120-279-226）もあります

よりそいホットラインの基本姿勢は、「どんな相談でも受ける」「ネットワークで地域につなげる」ということです。従来の「縦割りの相談窓口」ではない、何でも相談にするために、課題によっては相談者に時間をおいて回答する「折り返し電話」システムをとっています。「あなたのご相談に応えられる者が今いない。だから、調べて折り返し、あなたにご連絡させていただけないか」と説明し、連絡先を教えていただき、後日電話するというものです。

また、同行支援にも取り組んでいます。相談者の住む地域で、相談者を「寄り添う誰か」につなげるために、情報提供だけでなく、緊急を要する事案にかぎって直接同行支援をおこなっています。本人の同意があれば、つなぐ先の機関へ相談員から事前に担当者に事情を伝えておくなどの電話での同行もおこないます。

よりそいホットラインはフリーダイヤルにかけると以下のようなガイダンスが流れ、プッシュボタンで相談したい内容を選ぶようになっています。「暮らしのなかで困っていること、悩みを話したい方は1を、外国語の対応は2を、DVや

性暴力など女性の相談は3を、性別や同性愛（セクシュアル・マイノリティ）の相談は4を、今自殺しようと思い悩んでいる方は5を、被災してお困りの方は8を」。

現在は、暮らし全般の相談が八〇％、自殺予防が一〇％、DVや性暴力が五％、外国語対応が〇・五％、セクシュアル・マイノリティ対応が四・五％となっています。電話をかける方の一〇人に一人が自殺しようと悩んでいる現状です。そして、一日にいただく電話は四万件近く。とにかく誰でもが一人で悩まずに相談できる体制を整えたいと、相談員も奮闘している毎日です。

〈一般社団法人
社会的包摂サポートセンター〉

「よりそいホットライン」のポスター
電話番号は0120−279−338
（24時間フリーダイヤル電話相談）

問 15

防止のための法律があると聞きましたが……。

二〇〇六(平成一八)年にできた自殺対策基本法があります(九四頁参照)。自殺者が三万人を超えたのは一九九八年からです。そのことを考えると、自殺者数の増加が社会問題になってずいぶん経ってから、この法律が制定されました。

制定には民間団体が集めた署名や要望書が大きな力となりました。集められた署名は予定の三万人を大きく超え、わずか一カ月半で一〇万を超える人たちの署名が集まりました。私たち大阪自殺防止センターのボランティアも、同年の五月に大阪梅田駅周辺で署名活動をおこないました。

この基本法が成立される少し前、二〇〇五年七月、参議院厚生労働委員会で、

「自殺に関する総合対策に緊急かつ効果的な、推進を求める会決議」がなされました。当初はうつ病対策として厚生労働省が取り組んでいたようですが、参議院議員有志を中心に議員立法の形で自殺対策基本法案が国会に提出され、二〇〇六年六月二一日に成立、一〇月に施行されました。

法律制定後に出された『平成二三年版 自殺対策白書』のなかには、次のように記されています。

「平成一八年に施行された自殺対策基本法は、自殺対策の基本理念を定め、国、地方公共団体、事業主、国民のそれぞれの責務を明らかにするとともに、自殺対策を総合的に推進して、自殺防止を図り、あわせて自殺者の親族等に対する支援の充実を図り、もって国民が健康で生きがいを持って暮らすことのできる社会の実現に寄与することを目的としている。

自殺対策基本法により、内閣官房長官を会長とし、関係閣僚を構成員とする自殺総合対策会議が内閣府に設置され、また、政府が推進すべき自殺対策の指針として、基本的かつ総合的な自殺対策の大綱を定めることとされた」

自殺対策基本法の内容で注目するところは、自殺対策の推進が国是（国の方針）

として明確化されたこと、また同法の基本理念の冒頭に「自殺が個人的な問題としてのみとらえられるべきものではなく、その背景に様々な社会的な要因があることを踏まえ、社会的な取組として実施されなければならない」と謳《うた》われていることです。

この基本法がつくられる前は、「自殺は個人的な問題であり、弱い人のことだ、逃げの姿勢だ」といわれてきました。今でも、この意識は変わっていない部分も多くあります。しかし、自殺に追い込まれざるをえない社会的な要因が大きく関与していることは間違いありません。

自殺が起こると、「なぜ?」と原因の詮索が始まります。そうではなく、自殺に追い込まれる何があったのか、それを改善するには社会としてどう取り組むべきかという視点を忘れてはならないでしょう。

コラム❻

「世界自殺予防デー」「自殺対策強化月間」「いのちの日」

●世界自殺予防デーと自殺予防週間

二〇〇三年に、毎年九月一〇日が「世界自殺予防デー」と定められました。これは、世界保健機関（WHO）の機関である国際自殺予防学会によって決められたものです。『平成二〇年版 自殺対策白書』によると、次のような背景からこの日に決まったようです。二〇〇〇年、世界の自殺者数は八一万五〇〇〇人を超えました。世界中で約四〇秒に一人が自殺でなくなり、毎年の自殺による経済的コストは、数十億ドルになると考えられる事態になっていました。そうした状況から、世界中で自殺の問題に焦点を当て取り組む必要に迫られ、意識を高めるために「世界自殺予防デー」が制定されました。

日本では二〇〇六年六月に閣議決定された「自殺総合対策大綱」において、「九月一〇日の世界自殺予防デーに因んで、毎年、九月一〇日からの一週間を自殺予防週間として設定し、国、地方公共団体が連携して、幅広い国民の参加による啓発活動を強力に推進」することとなっています。

民間団体も独自に取り組みをおこなっています。大阪自殺防止センターは二〇〇二年から毎年、自殺予防週間の間、大阪市営地下鉄や大阪府・大阪市の教育委員会に協力を得て主要駅や大阪府・市内の高等学校や中学校に啓発のためのポスターを掲示しています。

●自殺対策強化月間

毎年三月が自殺対策強化月間です。

二〇一〇年二月五日の自殺総合対策会議において、「いのちを守る自殺対策緊急プラン」を決定し、三月を「自殺対策強化月間」と定めました。

これは、月ごとに自殺者数の統計を取るようになり、その結果、月別では三月に一番自殺者が多くなるからです（二〇一一年、二〇一三年は五月が、月別で自殺者数が多くなっています）。

●いのちの日

一二月一日は「いのちの日」です。二〇〇〇年、厚生労働省（当時・厚生省）が始めた「二一世紀における国民健康づくり運動（健康日本21）」の自殺防止に係る啓発普及活動として、二〇〇一年に制定されました。

活動の基本方針は、「連絡協議・情報交換」「健康日本21の国民的理解の醸《じょう》成《せい》に資する活動」「国民の健康づくり支援環境整備に資する活動」（健康日本21推進全国連絡協議会の会長挨拶より）です。この活動のなかで、自殺の要因にうつ病が大きな値をしめることがわかり、自殺防止対策としてうつ病の早期発見、早期治療が必要だと考えられました。

それまでも自殺者数は二万四〇〇〇人〜二万五〇〇〇人と少ないわけではありませんでした。が、一九九八年に一気に三万一〇〇〇人を超え、以後三万人を超える自殺者数が大きな社会問題となっていました。そこで、健康日本21が自殺防止の啓発として一二月一日を「いのちの日」としました。

問16 国や行政の取り組みにはどんなことがありますか？

二〇〇六年、自殺対策基本法（九四頁参照）にもとづき、内閣府の特別の機関として、内閣官房長官を会長とする自殺総合対策会議が設置され、その下に自殺対策推進会議および自殺対策タスクフォースが設置されました。その後、タスクフォースは廃止され、二〇一二年、新たに内閣府特命担当大臣（自殺対策）を座長とし、関係府省の副大臣等によって構成される自殺対策の機動的推進のためのワーキングチームが設置されました。

二〇〇七年、自殺対策基本法にもとづく政府の推進すべき自殺対策の指針として、自殺総合対策大綱が閣議決定されました。この自殺総合対策大綱は、日本の

内閣府「自殺総合対策大綱」見直し後の全体像

自殺総合対策大綱(見直し後の全体像)
～誰も自殺に追い込まれることのない社会の実現を目指して～

(第1) はじめに

＜誰も自殺に追い込まれることのない社会の実現を目指す＞

国、地方公共団体、関係団体、民間団体等が緊密な連携を図りつつ、国を挙げて自殺対策に取り組み、一人ひとりがかけがえのない個人として尊重され、「誰も自殺に追い込まれることのない社会」の実現を目指すものとする。

自殺総合対策の現状と課題 ： 地域レベルの実践的な取組を中心とする自殺対策への転換

地域の実情に応じて、対策の有効性や効率性、優先順位などを検討し、国民一人ひとりに身近な地域において、それぞれの実情に応じたきめ細かな対策を講ずることが必要。

自殺総合対策における基本認識 ： ＜自殺は、その多くが追い込まれた末の死＞
＜自殺は、その多くが防ぐことができる社会的な問題＞
＜自殺を考えている人は何らかのサインを発していることが多い＞

(第2) 自殺総合対策の基本的考え方

1. 社会的要因も踏まえ総合的に取り組む
2. 国民一人ひとりが自殺予防の主役となるよう取り組む
3. 段階ごと、対象ごとの対策を効果的に組み合わせる
4. 関係者の連携による包括的な生きる支援を強化する
5. 自殺の実態に即した施策を推進する
6. 施策の検証・評価を行いながら、中長期的視点に立って、継続的に進める
7. 政策対象となる集団毎の実態を踏まえた対策を推進する
8. 国、地方公共団体、関係団体、民間団体、企業及び国民の役割を明確化し、その連携・協働を推進する

(第3) 当面の重点施策

1. 自殺の実態を明らかにする
2. 国民一人ひとりの気づきと見守りを促す
3. 早期対応の中心的役割を果たす人材を養成する
4. 心の健康づくりを進める
5. 適切な精神科医療を受けられるようにする
6. 社会的な取組で自殺を防ぐ
7. 自殺未遂者の再度の自殺企図を防ぐ
8. 遺された人への支援を充実する
9. 民間団体との連携を強化する

(第4) 自殺対策の数値目標

○平成28年までに、自殺死亡率を17年と比べて20%以上減少させることを目標とする。

(第5) 推進体制等

○国における推進体制
○地域における連携・協力の確保
○施策の評価及び管理　○大綱の見直し

自殺をめぐる現状を整理するとともに、「自殺は追い込まれた末の死」「自殺は防ぐことができる」「自殺を考えている人は悩みを抱え込みながらもサインを発している」という自殺に対する三つの基本的な認識を示しています。

　自殺総合対策大綱はおおむね五年で見直すこととされており、二〇一二年八月末に見直されました。見直しのポイントは、「誰もが自殺に追い込まれることのない社会」というめざすべき社会が提示さ

れ、今後の課題として、地域レベルの実践的な取り組みを中心とする自殺対策への転換が指摘されています。

また、自殺総合対策の基本的な考え方として、「政策対象となる集団毎の実態を踏まえた対策を推進する」「国、地方公共団体、関係団体、民間団体、企業及び国民の役割を明確化し、その連携・協働を推進する」の二つが追加されるとともに、当面の重点施策として、「自殺や自殺関連事象等に関する正しい知識の普及」「様々な分野でのゲートキーパーの養成の促進」「大規模災害における被災者の心のケア、生活再建等の推進」「児童虐待や性犯罪・性暴力の被害者への支援の充実」「生活困窮者への支援の充実」などの施策が新たに盛り込まれています。

内閣府では、「地域における自殺対策力」を強化するため、二〇〇九年度補正予算において一〇〇億円の予算を計上し、都道府県に当面三年間の対策に係る「地域自殺対策緊急強化基金」をつくりました。基金事業の内容は、国が提示した対面型相談支援事業、電話相談支援事業、人材養成事業、普及啓発事業および強化モデル事業の五つのメニューのなかから、各都道府県が地域の実情をふまえて選択し、実施しています。

大阪府では、大阪府自殺対策審議会が設置されており、学識経験者、精神科医、労働団体、民間団体の各代表が集まり、総合的・効果的な自殺対策について審議されています。また大阪市では、大阪市精神保健福祉審議会に自殺防止対策部会、堺市にも堺市自殺対策連絡懇話会が設置されています。

これら審議会や懇話会には、大阪自殺防止センターの代表が委員として参加し、電話相談の最前線での経験から、自殺対策のあり方について提言しています。

自殺対策予算が減少していく現実をふまえ、各自治体では今後の施策のあり方が検討されています。大阪府では保健所とその管内数カ所の自治体の保健、福祉などの担当者や警察、消防、精神科病院などの担当者が定期的に情報交換の場を設ける試みが始まっています。

全国の自治体では、救急搬送された自殺未遂者を病院と行政で連携して支援する自殺防止事業が広がっています。

大阪府では、二〇一三年現在、六つの救急病院に精神保健福祉士ら専門家計六人を配置し、自殺未遂者のカルテや面談などをとおして、精神科医や福祉行政、保健所などに引き継ぎ、必要な支援をおこなっています。二〇一二年度は五病院に配置し、未遂者計五二九人を支援しました。そのうち三三％が生活保護を受給するなど経済苦を抱え、七四％が精神科の受診歴があることがわかりました。支援の結果、五病院では二〇一二年度、自殺搬送者が前年より一五四人減り、六一七人でした。

府内の自殺者数は、事業開始後の二年間で三三〇人と大幅に減っています（減少率一五・九％）。

担当者の「顔」が見える規模での連絡体制が確保できれば、自殺念慮者、未遂者、自死遺族へのきめ細かい支援が実現するのではないかと期待しています。

また、市民や市職員対象の研修などを通じて大阪府内自治体の自殺対策担当者たちの意識も、最近は「府民や自治体の各窓口担当者がゲートキーパーとして、気づき、声をかけてほしいが、その後は保健センターや健康増進課などのわれわれ自殺対策担当につないでもらったらいい」というように変化してきています。

今後予算が減少するなかで、効果的な自殺対策のあり方を考えると、行政の専門家が核となり、ほかの部署や府民、民間団体などと連携を広げていくことが望ましいのではないでしょうか。

コラム⑦

東京・荒川区の自殺防止事業

1　荒川区の自殺予防事業

東京都荒川区は人口二〇万七〇〇〇人（二〇一三年一二月現在）、老齢人口の比率は二二・六％で、少子高齢社会化が進んでいます。荒川区における自殺者数は警察庁の発表によると、二〇〇六年～二〇一一年には毎年五〇人前後で推移してきましたが、二〇一三年には三九人（自殺率一八・八六％）に減りました。区は二〇一〇年度から自殺で尊い命を失う方を一人でもなくすよう、表3のように、自殺予防事業を全庁的に取り組んでいます。

2　『荒川区自殺未遂者調査研究事業報告書』

自殺未遂者三二例のまとめから見えてきたこと

二〇一〇年から自殺予防事業を実施するなかで、日本医科大学救命救急センターと精神医学教室（以下、日本医大）と連携して、救急搬送された自殺未遂者（以下、未遂者）で救命されたあとに本人の同意を得られた方に対して、さまざまな支援を試みました。未遂者が退院後に区の支援を希望する方に、入院中から保健師が病院訪問をおこない、退院後は家庭訪問や面接相談などにより、地域で提供できる福祉・介護サービス等につなげ、途切れのない支援をおこなっています。

表3　荒川区の自殺予防事業

人材養成	職員対象のゲートキーパー研修・ゲートキーパーフォローアップ研修 区民団体対象のゲートキーパー研修（ボランティア団体・介護保険ケアマネージャー・理容組合など）
普及・啓発	自殺予防普及啓発グッズ（こころと命のカード・自殺予防事業の手引き） 講演会（シンポジウム・対談・ミニライブ） 図書館・区役所での自殺予防特別展示 区のホームページに支援の簡単検索システム導入 各種イベントでの広報活動
ネットワーク	全管理職自殺予防事業庁内連絡会 自殺予防事業実務担当者連絡会 自殺未遂者支援連絡会 精神保健福祉ネットワーク会議
自殺未遂者支援	救命救急センター・精神科関係機関と連携した自殺未遂者支援に対して、医療機関や家庭への訪問・面接・電話相談など

なお、二〇一三年から東京女子医大東医療センターとの連携も始まり、未遂者の支援数は八〇例となっています。

この取り組みと並行して、区職員、NPO法人自殺対策支援センター ライフリンク、関係機関の参加を得て、自殺予防実務担当者連絡会を開催したことにより、未遂者を把握した際に関係機関やゲートキーパー研修受講者から連絡・相談が入るシステムが徐々に機能してきました。その取り組みと支援は次頁のフローチャートの図のようにおこなっています。

自殺未遂の背景要因は、精神疾患などの健康問題、家族問題、生活苦、多重債務、失業などの経済・生活問題要因を平均して三つ抱えていたことがわかりました。とりわけ、孤独感のある方、子どものころに虐待を受けていたこと、結婚後にDVを受け、その後に離婚することなどの要因が複雑にからみ、生きづらさや自己肯定感を失うことにつながっていたのではないかと考えます。

寄り添い型の支援を

自殺未遂者は、医療や生活費は確保されても、就労を望んでいたり、孤独感から脱出するために、居場所や何か社会の役に立ちたいと考えている方が多いのです。人間関係が薄く、孤立している方には、「顔の見えるネットワーク」で積み上げてきた社会資源につなげることが再企図を踏みとどめる防波堤になると考えます。

自殺未遂者支援のフローチャート

生きる意欲が低くなっている未遂者に支援策を提案しても、第一歩が踏み出せない方も少なくありません。「生きる支援」につなげるスキルとして「寄り添い型支援」は重要です。

〈東京都荒川区福祉部障害者福祉課 こころの健康推進係〉

注 荒川区の自殺予防事業は荒川区のホームページ（http://www.city.arakawa.tokyo.jp/kurashi/shogaisha/index.html）でご覧いただけます。

コラム8

大阪・堺市の自殺防止対策の取り組み

堺市では、一九九八年に全国と同様に自殺者数が急増して以来、毎年二〇〇人前後の方がその尊い命を自ら亡くしています。また、自殺死亡率（人口一〇万人あたりの自殺者数）は、二〇一二年は二〇・二で、全国平均の二一・〇をやや下回っているものの、依然として高い水準が続いています（人口動態統計）。

こうしたなか本市では、自殺対策基本法の施行（二〇〇六年一〇月）以降、啓発冊子の配布やこころの健康づくり講演会などの普及・啓発、相談機関やかかりつけ医を対象とした研修事業を実施するとともに、二〇〇八年一〇月に、こころの健康センター（精神保健福祉センター）において、自死遺族の専門相談窓口を開設しました。また、二〇〇九年三月には、総合的な自殺防止対策の指針として、「堺市自殺対策推進計画」を策定するとともに、同年四月に自殺防止対策の専門組織として、「いのちの応援係」を設置し、警察署と連携した自殺未遂者への支援事業（いのちの相談支援事業）を開始しました。

この事業は、警察署でかかわりのあった自殺未遂者もしくはその家族で、「いのちの応援係」に相談を希望する人について、警察署から情報提供があり、その後の支援を実施するものです。また、二〇一一年一一月からは、堺市消防局（救急隊）の協力のもと、同様の事業を開始しています。

二〇一四年四月現在、「いのちの応援係」は、精神保健福祉士四名、心理相談員一名、警察官ＯＢ一名の計六名の体制です。必要に応じて、精神科嘱託医による相談などを実施しています。当係では、自殺未遂に至った問題を整理し、ほかの相談機関との連携を図りながら、継続的な支援をおこないます。相談機関を紹介する必要がある場合には、窓口の紹介だけではなく、相談に同行するなど、相談者に寄り添った支援をこころがけています。また、自殺のリスクが軽減されていない間は、定期的に電話連絡や訪問などをおこなうとともに、できるかぎり次回の面談などの約束をとりつけるなど、支援が途切れないようにします。多重債務などの法的問題については、大阪弁護士会と連携体制をとっており、必要時には、大阪弁護士会の協力弁護士に、迅速に相談することができます。

また、支援にあたっては、定期的に支援方針の検討会議をおこない、こころの健康センター所長（精神科医）の助言を受けています。

二〇〇九年度以降、これまでに二〇〇〇人以上の人に対応しています。自殺未遂に至る要因は、健康問題、経済・生活問題、家庭問題などさまざまな要因が複雑に関係しています。「死にたい」と考えるほどの強い悩みをお聴きし、解決方法を一緒に考えることにより、少しでもつらい気持ちが和らぐことができるよう支援をおこなっています。

なお、二〇一三年一月から支援体制の輪が広がり、大阪府内すべての警察署と大阪府、政令指定都市（大阪市・堺市）、中核市（東大阪市・高槻市・豊中市）の各自治体との連携による「いのちの相談支援事業」がスタートしました。同年三月には「堺市自殺対策推進計画」を見直し、「堺市自殺対策強化プラン」を策定しました。警察署や救急隊との連携に加え、市内の救急告示病院一四カ所との連携を開始するなど、さらなる支援体制の強化に取り組んでいます。

〈**堺市健康福祉局健康部精神保健課　いのちの応援係**〉

問17

諸外国ではどのような自殺防止の取り組みがされていますか？

一九九六年に国際連合と世界保健機関（ＷＨＯ）から、国レベルでの自殺予防対策立案のためのガイドライン（二〇項目）が発表されました。その趣旨は、「各国の実情に合わせ、自殺に関する研究・訓練・治療のための組織を整備し、総合的な自殺予防対策を進める。未遂者・遺族・アルコール依存などのハイリスク者やその家族への対策の徹底と、精神障害や自殺予防に関する正確な知識の普及、また医師、教師など専門家に自殺予防の教育を実施する」などです。

ここでは、このガイドラインの発表以前から国家プロジェクトに取り組んでいるフィンランドを『平成二一年版　自殺対策白書』から要約して紹介します。

フィンランドでは、二〇〇七年現在、対策に取り組み始めた一九八六年当時より自殺死亡率を約三〇%減少させることに成功しています。

一九八七年、国立公衆衛生院において自殺者ほぼ全数について調査をおこないました。聞き取りは遺族に加え、最後の一年に自殺者のケアにあたったスタッフや、自殺者が最後に会った医療・福祉スタッフにも及びました。この調査で、四分の一の自殺者が、死の三カ月以内に自殺の考えを近い人や職場で初めて口にしていること、アルコール依存症の割合が高いことなどが判明しました。そして、フィンランドにおける自殺者の実態が明らかになり、自殺は防止できるものであることがわかったのです。

調査結果をふまえて、国の機関により自殺防止に従事する団体の活動の活性化や専門家の教育に対し、意識と理解を深める教育プロジェクトが展開されました。具体的には、自殺防止に関するガイドブックの作成、ワークショップの実施、連絡窓口のネットワーク化およびニュースレターを通じた専門家同士のネットワークづくりなどです。さらに地域単位で、未遂者、遺族、うつ病などテーマを特化し、刑務所・警察・職業安定所・学校との協力が図られました。

フィンランドも、かつては自殺について語ることを控える傾向が強かったそうです。「国家プロジェクト」として自殺対策に取り組んだことにより、自殺に対する偏見を減少させ、自殺とその防止の意識が強化されました。また、うつ病や精神科に対する正しい知識の普及も進み、民間団体による取り組みも積極的になっていきました。

フィンランドの自殺対策は、民間団体の活動も重要な役割を果たしています。フィンランド精神衛生協会は、設立から百年以上の歴史があり、二四時間対応のヘルプラインを実施しています。また、自殺の危機がある人に対して、電話で現場に駆けつける二四時間対応の「ＳＯＳカー」を一九九五年から実施しています。スタッフは有給職員とボランティアで構成され、スタッフ自身に活動上の迷いなどが生じた際にも相談できるよう、精神科医も週一度訪れています。同協会はスロットマシン協会から助成を受けて活動しており、自殺者の遺族のためのグループ、犯罪被害者の遺族、交通事故の遺族のグループ、生活困難を抱えている青少年のためのグループを対象とした支援もおこなっています。

また患者自身がつくった、精神衛生中央協会の会員数は約二万二〇〇〇人（二〇〇九年現在）で、患者本人に対するリハビリテーション、家族の支援、患者本人への啓発活動、職場復帰支援、情報提供サービス、申請書（手当）の書き方、就職準備、作業療法、未遂者のケアなどをおこなっています。

首都ヘルシンキ市の医療圏を担当する精神科専門病院には、二四時間対応の救急ユニットがあり、年間九〇〇〇人が受診し、そのうち約二〇〇〇人をフォローアップベッドでまず受け入れ、約三〇〇〇人が急性期治療病棟に入院しています。フォローアップ病床は、自殺企図者の搬送直後の不安定な時期を乗り切り、早期の治療アプローチをするために機能しています。急性期治療病棟では、危機介入と家族との協力関係の樹立、心理教育をとおした「治療同盟」の構築、地域での継続治療につなげることを目的としています。

このように、国を挙げての対策とともに、民間団体や精神科病院の取り組みが相まって、大きく自殺者死亡率が減少しました。日本でも、行政＝役所の自殺対策担当だけでなく、さまざまな担当や、警察、消防＝救急、病院や開業医、民間団体が、理念だけでなく、「顔」が見える情報共有のなかで、自殺念慮者などへの具体的な支援を、一層強力に進めることがさらに大きな効果を生むと思います。

コラム⑨

日本の民間団体に影響を与えた諸外国の活動

日本の民間団体の活動に影響を与えた諸外国における民間の自殺防止活動には、イギリスの「サマリタンズ」とオーストラリアの「ライフライン」の二つの流れがあります。

「自殺防止センター」の活動は「サマリタンズ」の影響を大きく受け、その活動理念にもとづく世界組織「ビフレンダーズ・ワールドワイド」に加盟しています。

「サマリタンズ」は一九五三年にイギリスのロンドンでチャド・バラー牧師により開設されました。ある日、教会でバラー氏との面会に来所した多くの相談者に、ボランティアで接待している信徒にお茶を出してもらったところ、面会が終わっていないのに帰ってしまう人がありました。待ちきれなくて、信徒にいろいろ話し、信徒がただうなずいて聴くうちに、相談者は少し気持ちが楽になり帰ったというのです。そのことから、バラー氏は、相手が専門家でなくても、たまっている感情を誰かに吐き出すことにより、つらさや苦しさが緩和されることに気づきました。

そこで、自殺防止を目的とする、素人が話を聴く電話相談センターの設立に踏み切りました。これが「サマリタンズ」の始まりです。現在、イギリス国内で約二〇〇のブランチで、約二万人が電話相談のボランティア活動をしています。また世界では同じ理念で活動する所が約四〇カ国に広がっています。この世界的な組織「ビフレンダーズ・ワールドワイド」は、次のような共通原則に従って活動しています。

1　自殺したくなっている人々、あるいは一般的な苦悩状態にある人々に感情面の支援を提供する
2　活動力の人的資源は主としてボランティアである
3　匿名性と秘密保持を尊重する
4　政治的・宗教的偏りを持たず、ボランティアはその確信を誰にも押し付けない
5　ボランティアは他の経験を積んだボランティアによって、また必要ならば適切な専門家によって選ばれ、訓練され、導かれ、サポートされる
6　相談者に、センターの感情面の支援に加え、専門家の助けを求めてはどうかと勧めることがある
7　他のビフレンダーズ・ワールドワイドに加盟するブランチ・センターと相互にサポートし合い、情報提供とネットワーク形成・活動に全力を傾ける

日本では、一九七七年当時、青少年の自殺が多発したとき、「関西いのちの電話」のボランティア三六人が自殺防止に特化した電話相談を設立し、バラー氏を日本に招きました。バラー氏は一九七八年、「大阪自殺防止センター」開設の年に来日し、「大都市における自殺防止」と題した講演をおこない、指導しました。その後メンバーの訪英などを経て、一九八三年に当時の「サマリタンズ」の国際組織である「国際サマリタンズ連盟」（現在のビフレンダーズ・ワールドワイド）に加盟しました。

現在日本では、大阪・東京・宮崎の「自殺防止センター」が「ビフレンダーズ・ワールドワイド」に加盟し、松山・熊野・岩手・あいちのセンターがこの理念にもとづき活動しています。

一方、「ライフライン」は一九六三年にオーストラリアのシドニーで、アラン・ウォーカー牧師が始めました。訪問して相談することに抵抗ある人も、電話なら自分の悩みを打ち明けやすいことに気

づき、電話相談を始めました。

日本では、一九七〇年にウォーカー氏を招いて講演会が開かれたのを契機に、一九七一年、東京に「いのちの電話」が誕生しました。「いのちの電話」という名称は「ライフライン」の「ライン」が電話を意味することに由来しています。

現在「いのちの電話」は全国に五〇カ所設置され、うち二四時間対応が二三カ所、その他に英語、スペイン語、ポルトガル語で相談を受け付けているところもあります。また毎月一〇日、「自殺予防いのちの電話」という名称でフリーダイヤル相談を受け付けています。

（参考文献：『いのちの共振れ―いのちの電話二十年史』社会福祉法人いのちの電話発行、一九九一年／アラン・ウォーカー著、大島静子訳『いのちの電話物語』聖文舎、一九七二年）

資料❶

自殺対策基本法

二〇〇六（平成十八）年六月二十一日法律第八十五号

第一章　総　則

（目的）

第一条　この法律は、近年、我が国において自殺による死亡者数が高い水準で推移していることにかんがみ、自殺対策に関し、基本理念を定め、及び国、地方公共団体等の責務を明らかにするとともに、自殺対策の基本となる事項を定めること等により、自殺対策を総合的に推進して、自殺の防止を図り、あわせて自殺者の親族等に対する支援の充実を図り、もって国民が健康で生きがいを持って暮らすことのできる社会の実現に寄与することを目的とする。

（基本理念）

第二条　自殺対策は、自殺が個人的な問題としてのみとらえられるべきものではなく、その背景に様々な社会的な要因があることを踏まえ、社会的な取組として実施されなければならない。

2 自殺対策は、自殺が多様かつ複合的な原因及び背景を有するものであることを踏まえ、単に精神保健的観点からのみならず、自殺の実態に即して実施されるようにしなければならない。

3 自殺対策は、自殺の事前予防、自殺発生の危機への対応及び自殺が発生した後又は自殺が未遂に終わった後の事後対応の各段階に応じた効果的な施策として実施されなければならない。

4 自殺対策は、国、地方公共団体、医療機関、事業主、学校、自殺の防止等に関する活動を行う民間の団体その他の関係する者の相互の密接な連携の下に実施されなければならない。

（国の責務）

第三条 国は、前条の基本理念（次条において「基本理念」という。）にのっとり、自殺対策を総合的に策定し、及び実施する責務を有する。

（地方公共団体の責務）

第四条 地方公共団体は、基本理念にのっとり、自殺対策について、国と協力しつつ、当該地域の状況に応じた施策を策定し、及び実施する責務を有する。

（事業主の責務）

第五条 事業主は、国及び地方公共団体が実施する自殺対策に協力するとともに、その雇用する労働者の心の健康の保持を図るため必要な措置を講ずるよう努めるものとする。

（国民の責務）

第六条 国民は、自殺対策の重要性に対する関心と理解を深めるよう努めるものとする。

（名誉及び生活の平穏への配慮）

第七条　自殺対策の実施に当たっては、自殺者及び自殺未遂者並びにそれらの者の親族等の名誉及び生活の平穏に十分配慮し、いやしくもこれらを不当に侵害することのないようにしなければならない。

（施策の大綱）

第八条　政府は、政府が推進すべき自殺対策の指針として、基本的かつ総合的な自殺対策の大綱を定めなければならない。

（法制上の措置等）

第九条　政府は、この法律の目的を達成するため、必要な法制上又は財政上の措置その他の措置を講じなければならない。

（年次報告）

第十条　政府は、毎年、国会に、我が国における自殺の概要及び政府が講じた自殺対策の実施の状況に関する報告書を提出しなければならない。

第二章　基本的施策

（調査研究の推進等）

第十一条　国及び地方公共団体は、自殺の防止等に関し、調査研究を推進し、並びに情報の収集、整理、分析及び提供を行うものとする。

2　国は、前項の施策の効果的かつ効率的な実施に資するための体制の整備を行うものとする。

（国民の理解の増進）

第十二条　国及び地方公共団体は、教育活動、広報活動等を通じて、自殺の防止等に関する国民の理解を深めるよう必要な施策を講ずるものとする。

（人材の確保等）

第十三条　国及び地方公共団体は、自殺の防止等に関する人材の確保、養成及び資質の向上に必要な施策を講ずるものとする。

（心の健康の保持に係る体制の整備）

第十四条　国及び地方公共団体は、職域、学校、地域等における国民の心の健康の保持に係る体制の整備に必要な施策を講ずるものとする。

（医療提供体制の整備）

第十五条　国及び地方公共団体は、心の健康の保持に支障を生じていることにより自殺のおそれがある者に対し必要な医療が早期かつ適切に提供されるよう、精神疾患を有する者が精神保健に関して学識経験を有する医師（以下この条において「精神科医」という。）の診療を受けやすい環境の整備、身体の傷害又は疾病についての診療の初期の段階における当該診療を行う医師と精神科医との適切な連携の確保、救急医療を行う医師と精神科医との適切な連携の確保等必要な施策を講ずるものとする。

（自殺発生回避のための体制の整備等）

第十六条　国及び地方公共団体は、自殺をする危険性が高い者を早期に発見し、相談その他の自殺の発生を回避するための適切な対処を行う体制の整備及び充実に必要な施策を講ずるものとする。

（自殺未遂者に対する支援）
第十七条　国及び地方公共団体は、自殺未遂者が再び自殺を図ることのないよう、自殺未遂者に対する適切な支援を行うために必要な施策を講ずるものとする。
（自殺者の親族等に対する支援）
第十八条　国及び地方公共団体は、自殺又は自殺未遂が自殺者又は自殺未遂者の親族等に及ぼす深刻な心理的影響が緩和されるよう、当該親族等に対する適切な支援を行うために必要な施策を講ずるものとする。
（民間団体の活動に対する支援）
第十九条　国及び地方公共団体は、民間の団体が行う自殺の防止等に関する活動を支援するために必要な施策を講ずるものとする。

第三章　自殺総合対策会議

（設置及び所掌事務）
第二十条　内閣府に、特別の機関として、自殺総合対策会議（以下「会議」という。）を置く。
2　会議は、次に掲げる事務をつかさどる。
一　第八条の大綱の案を作成すること。
二　自殺対策について必要な関係行政機関相互の調整をすること。
三　前二号に掲げるもののほか、自殺対策に関する重要事項について審議し、及び自殺対策の実施を推進すること。

（組織等）

第二十一条　会議は、会長及び委員をもって組織する。

2　会長は、内閣官房長官をもって充てる。

3　委員は、内閣官房長官以外の国務大臣のうちから、内閣総理大臣が指定する者をもって充てる。

4　会議に、幹事を置く。

5　幹事は、関係行政機関の職員のうちから、内閣総理大臣が任命する。

6　幹事は、会議の所掌事務について、会長及び委員を助ける。

7　前各項に定めるもののほか、会議の組織及び運営に関し必要な事項は、政令で定める。

附　則

（施行期日）

第一条　この法律は、公布の日から起算して六月を超えない範囲内において政令で定める日から施行する。

資料❷ 相談先

＊ひとりで悩まず電話してください。秘密は守ります。安心してお電話ください。

●自殺防止のための専門ダイヤル

■NPO法人国際ビフレンダーズ 大阪自殺防止センター
06-6260-4343
金13時～日22時

■NPO法人国際ビフレンダーズ 東京自殺防止センター
03-5286-9090
毎日20時～翌朝６時　火のみ17時～翌朝６時

■NPO法人国際ビフレンダーズ 宮崎自殺防止センター
0985-77-9090
日・月・水・金20時～23時

■国際ビフレンダーズ 熊野自殺防止センター
05979-2-2277
金19時～23時

■NPO法人ビフレンダーズ 岩手自殺防止センター
019-621-9090
土20時～翌朝４時

■NPO法人ビフレンダーズ あいち自殺防止センター
0568-70-9090
金24時～翌朝５時

■NPO法人松山自殺防止センター
089-913-9090
月・水・金20時～23時

■いのちの電話
一般社団法人日本いのちの電話連盟
自殺予防　いのちの電話　0120-738-556
毎月10日８時～翌朝８時
事務局へのお問い合わせは TEL03-3263-6165 まで

■NPO法人京都自死・自殺相談センター
075-365-1616
金・土19時～翌朝５時半

●さまざまな相談ダイヤル

■こころの健康相談統一ダイヤル（内閣府）0570-064-556（相談対応曜日・時間は都道府県によって異なります）
電話をかけた所在地の都道府県・政令指定都市が実施している「心の健康電話相談」等の公的な相談機関に接続します。

以下の★マークの窓口名で検索すると電話番号などが出てきます。

■よりそいホットライン（一般社団法人社会的包摂サポートセンター）★
0120-279-338（フリーダイヤル つなぐ ささえる）
岩手県・宮城県・福島県からおかけの方
0120-279-226（フリーダイヤル つなぐ つつむ） 通話料：無料 24時間対応
ガイダンスで専門的な対応も選べます（外国語含む）。

■いじめ相談の窓口（文部科学省）
24時間いじめ相談ダイヤル 0570-0-78310
いじめ相談機関情報、全国の児童相談所の相談窓口などの情報があります。

■子どもの人権110番（法務省） 0120-007-110 平日８時半～17時15分

■チャイルドライン（特定非営利活動法人（NPO法人）チャイルドライン支援センター）
18歳までの子どもがかける電話です。
0120-99-7777（フリーダイヤル） 通話料：無料（携帯・PHS OK）
毎週月～土16時～21時
チャイルドライン（チャイルドライン支援センター）
0120-99-7777 月～土16時～21時

■警察安全相談窓口（警察庁）★
#9110（対応時間は都道府県警察によって異なります。通話料がかかります）
警察では、犯罪等による被害の未然防止に関する相談その他国民の安全と平穏についての相談に円滑に対応することができるよう、警視庁及び各道府県警察本部に警察相談専用電話を開設し、全国統一番号「#9110」番に電話をかければ自動的に接続されるようになっており、相談の利便を図っています。

■日本司法支援センター（法テラス）★
コールセンター 0570-078374（おなやみなし）
通話料：全国一律３分8.5円（PHS・IP電話からは、03-6745-5600）
平日９時～21時 土９時～17時
法テラスは、労働問題や多重債務問題など法的トラブルの解決に役立つ法制度や、相談窓口を紹介しています。

■金融サービス利用者相談室（金融庁）★
0570-016811（ナビダイヤル）（IP電話・PHSからは03-5251-6811） 平日10時～16時
金融行政に関するご意見・ご要望や貸し渋り・貸し剥がし、口座の不正利用、金融の円滑化等の各種情報提供を承ります。

■大阪府人権相談窓口
http://www.jinken-osaka.jp/consult/window.html
電話相談、面接、メールで相談を受け付けます。
相談専用でんわ 06-6581-8634 メール so-dan@jinken-osaka.j
面接相談場所 〒552-0001 大阪市港区波除4-1-37 HRCビル８階
＊平日相談：毎週月～金 ９時半～17時半 ＊夜間相談：毎週火 17時半～20時
＊休日相談：毎月第４日 ９時半～17時半
＊法律（弁護士）相談：毎週金 13時半～16時半
＊祝日、年末年始（12月29日～１月３日）を除く

●さまざまな悩みに対応する窓口を紹介するサイト

■支援情報検索サイト（内閣府）★

相談窓口情報等を悩み別に検索できるサイトです。

■いのちと暮らしの相談ナビ（特定非営利活動法人（NPO法人）自殺対策支援センターライフリンク）★

相談窓口情報を検索できるサイトです。対象地域は、順次拡大中です。

■いきる・ささえる相談窓口（独立行政法人国立精神・神経医療研究センター精神保健研究所　自殺予防総合対策センター）★

さまざまな問題で悩んでいる方や、その方のことを心配しているご家族や友人の方のために作成された都道府県・指定都市別の相談窓口一覧があります。

●悩み別　相談窓口情報等を紹介するサイト

■働く人のメンタルヘルス・ポータルサイト　こころの耳（厚生労働省）★

心の健康確保と自殺や過労死などの予防。専門の相談機関や医療機関のご案内、悩みを乗り越えた方の体験談、心の病や過労死に関する基礎知識、心の健康度や疲労の蓄積度を診断するセルフチェックリストなどがあります。

■みんなのメンタルヘルス総合サイト（厚生労働省）★

こころの不調・病気に関する情報をまとめた総合情報サイトです。病気や症状の説明や、医療機関、相談窓口、各種支援サービスについての紹介など、治療や生活に役立つ情報をわかりやすく提供しています。

■配偶者からの暴力被害者支援情報（内閣府）★

配偶者からの暴力に関する支援情報をまとめたサイトです。法律や支援制度、相談窓口などを紹介しています。

■10代・20代のメンタルサポートサイト　こころもメンテしよう（厚生労働省）★

10代、20代向けのメンタルヘルス情報サイトです。ゆううつな気分、やる気がなくなる、不安な思いなど、こころのSOSサインに気づいたときにどうすればいいのかなど、役立つ情報をわかりやすく紹介しています。ご家族や教職員向けのページもあります。

■返済に困った場合の相談窓口一覧（金融庁）★

債務整理（借金問題）についての相談先、ヤミ金融についての通報・相談先、登録賃金業者にかかる苦情・相談先、その他の法律相談についての相談窓口一覧があります。

■暮らしの相談窓口のご案内（内閣府）★

子育てについてのご相談、犯罪被害等についてのご相談、交通事故の被害者やその家族の方で、損害賠償問題、生活福祉問題等でお困りの方からのご相談等、内閣府が所管する分野のうち、特に国民の皆様が日々の暮らしを送るなかで直面する悩み事についての相談先をまとめてあります。

■ひとりで悩まずにご相談ください。（法務省人権擁護局）★

毎日の生活の中で、これは人権上問題ではないだろうかと感じたり、あるいは法律上どのようになるのか、よくわからなくて困ったことはありませんか。そのような場合に気軽に相談できる場所として、法務省の人権擁護機関が開設している人権相談所があります。相談は無料で、相談の内容については秘密を厳守します。

編著者

特定非営利活動法人 国際ビフレンダーズ 大阪自殺防止センター

1978年１月20日、自殺防止をめざして開設された民間のボランティア団体。人生における苦悩、孤独、絶望、抑うつにより、自殺の危機が迫っている人に対して、傾聴とビフレンディングによる感情的な支えを提供。電話相談・面接相談や自死遺族のつどい、研修の講師派遣など、世界約40カ国とともに自殺防止活動を進めている。2000年3月から特定非営利活動法人、2013年3月より認定特定非営利活動法人。

〒542-0081　大阪市中央区南船場1-11-9　長堀安田ビル９Ｆ
相談電話　06-6260-4343（金曜13時～日曜22時）
事務局電話　06-6260-2155（平日10時～17時）事務局FAX　06-6260-2157

知っていますか？ 自殺・自死防止と支援 一問一答

2014年７月25日　初版第１刷発行

編著者　特定非営利活動法人 国際ビフレンダーズ
大阪自殺防止センター

発　行　株式会社 解放出版社
大阪市港区波除４-１-37 HRCビル３F
電話06(6581)8542　FAX06(6581)8552
東京営業所／千代田区神田神保町2-23
アセンド神保町３F
電話03(5213)4771　FAX03(3230)1600
振替00900-4-75417
ホームページ　http://kaihou-s.com
装幀　森本良成
本文レイアウト　伊原秀夫

定価はカバーに表示しております

ISBN978-4-7592-8282-5　NDC368.3 102P 21cm　　印刷　㈱国際印刷出版研究所